Ina Kiesewetter / Petra Wagner

Eine Woche Mama, eine Woche Papa

Das Buch

Zwei Zuhause: Kinder können nach einer Trennung der Eltern bei beiden Elternteilen gleichberechtigt leben. Und zwar gut. Die Autorinnen stellen das Wechselmodell durch kurze Berichte aus dem Alltag dar. Zu diesen stellen ein Kinderpsychologe, ein Familientherapeut ihre Sicht und Erfahrungen dar.

Das Buch für Eltern, die den tiefen inneren Wunsch ihrer Kinder, weder auf Mama noch auf Papa verzichten zu müssen, ernst nehmen und praxisnahe Orientierung suchen.

Mehr Information: www.eine-woche-mama-eine-woche-papa.de

Ina Kiesewetter & Petra Wagner

arbeiten als Redakteurinnen beim Öffentlich-Rechtlichen Fernsehen. Beide leben bzw. lebten das Wechselmodell mit ihren Kindern. Sie haben die Erfahrung gemacht, dass es Kindern trotz Trennung gut geht, wenn sie mit beiden Elternteilen groß werden. Ina Kiesewetter lebt in Düsseldorf, Petra Wagner in Wuppertal.

Ina Kiesewetter / Petra Wagner

Eine Woche Mama, eine Woche Papa

Wie Kinder getrennter Eltern gut leben

HERDER

FREIBURG · BASEL · WIEN

HERDER spektrum Band 6767

Umschlaggestaltung: Designbüro Gestaltungssaal
Umschlagmotiv: © shutterstock

Satz: de·te·pe, Aalen
Herstellung: CPI books GmbH, Leck

Printed in Germany

ISBN 987-3-451-06767-9

Inhalt

Vorwort

Zwei Zuhause: Wie Kinder nach einer Trennung bei beiden Elternteilen leben. Gleichberechtigt und gut.

Es hat also nicht funktioniert. Das gemeinsame Zusammenleben als Familie – Mama, Papa, Kind, Kinder – wird es so für Sie nicht mehr geben. Die Trennung ist beschlossen. Zum Gefühl des Scheiterns gesellen sich bei Ihnen wahrscheinlich viele weitere Emotionen: Wut auf den früheren Partner, die Partnerin. Finanzielle Sorgen bis hin zur Existenzangst – wie werde ich es schaffen, über die Runden zu kommen? Vor diesem Wust an Problemen stehend, möchten Sie doch vor allem eines: Ihrem Kind ein Zuhause bieten, in dem es geliebt wird und sich auch geliebt fühlt. Sicher stellen Sie sich die Frage: Wie gelingt es uns, dem Kind, den Kindern, gute Eltern zu bleiben? Auch wenn wir nicht mehr zusammen wohnen?

Denn auch die Kinder haben Angst, große Angst. Die Trennung der Eltern geht bei ihnen einher mit der unbestimmten Ahnung von Verlust, mit dem Gefühl, dass sich alles ändern wird. Auch wenn es Streit gab in der Familie, es selten harmonisch war in letzter Zeit – das ausgesprochene »Mama und Papa trennen sich!« ist (zunächst) eine Katastrophe im Kinderleben. Also möchten Sie alles dransetzen, Ihrem Kind Sicherheit zu geben. Verlässlich Vertrauen zu vermitteln: »Du bist uns das Wichtigste. Wir sorgen für dich. Du verlierst keinen von uns.« Doch mit Worten allein kann ein Kind, zumal ein kleines, wenig anfangen.

Es müssen Taten folgen. Das Kind soll doch spüren, erleben, dass es ihm weiter gut gehen wird in einer veränderten Welt.

Aber die Trennung ist frisch, auch die Eltern wissen längst noch nicht, wie es genau weitergehen wird. Da sind so viele Fragen – vor den Taten: Wo wird das Kind wohnen? Klassisch bei der Mutter, die fortan als »Alleinerziehende« womöglich das Armutsrisiko trägt? Kind und Beruf gehetzt unter einen Hut bringen muss? Wird der Vater zum Wochenend-Papa mutieren? Sich als Zahl-Mann fühlen und sich vielleicht auch so verhalten, weil er im normalen Alltag seines Kindes kaum mehr eine Rolle spielt?

Wir möchten eine Alternative zeigen, und zwar eine hierzulande noch recht ungewöhnliche Form des Familienlebens nach einer Trennung: das Wechselmodell, auch Doppelresidenz- oder Pendelmodell genannt. Es bedeutet: Das Kind hat zwei Zuhause, eines bei der Mutter, eines bei dem Vater. In vielen Fällen lebt es bei jedem Elternteil die gleiche Zeit, gewechselt wird jede Woche. Andere Eltern haben andere zeitliche Modelle: Hälftig in der Woche wird gewechselt, manchmal täglich oder gar nur monatsweise. Oder ganz anders, wie es gemeinsam ausgehandelt wurde.

Eine Woche Mama, eine Woche Papa – dieses Modell lässt keinen kalt. Wer sich zum ersten Mal damit beschäftigt, spürt große Unsicherheit: »Kann das funktionieren? Ist mein Kind nicht heimatlos?« Ganz zu schweigen von den vielen organisatorischen Fragen: »Wie soll das im Alltag klappen? Das Sachenpacken, die Schule, das Lieblingsspielzeug …« Vielleicht auch: »Ich will auf mein Kind nicht verzichten. Ich habe Angst vor dem leeren Kinderzimmer!«

Was ist mit der finanziellen Seite? Können sich nur Reiche diese Lebensform leisten? Schließlich braucht man mehr Platz, zwei Kinderzimmer. Welche Auswirkungen hat es auf den Unterhalt, wenn etwa beide Elternteile sich paritätisch kümmern? Wie ist die rechtliche Seite?

Meist schnell dahingeworfene Aussagen der anderen (»Ihr zerreißt das Kind!« »Um Gottes willen! Ein Kind muss einen Ort haben, wo es hingehört!«) lassen weitere Zweifel wachsen. Und dennoch: Schauen Sie sich dieses Modell an. Wir stellen Ihnen Eltern und Kinder vor, die das Wechselmodell leben, viele von ihnen seit Jahren. Freiwillig und zufrieden und – Überraschung – ebenso zufrieden, wenn das Modell gerichtlich im Umgangsrecht festgeschrieben wurde. Denn das gibt es mittlerweile auch. Noch nicht so oft, aber immer häufiger.

Das Wechselmodell ist längst nicht mehr so exotisch wie noch vor einigen Jahren. Viele Eltern praktizieren es, ohne dass es darüber Zahlen gibt. Diese Lebensform ist sicher auch eine Reaktion auf veränderte Rechtsprechung bei Sorgerecht und Unterhalt. Außerdem: Immer mehr Väter wollen Verantwortung übernehmen nach Trennung und Scheidung, wollen mit ihren Kindern Alltag erleben.

Vielleicht finden Sie die Situation schrecklich: »Ich kann mit meinem Ex-Partner nicht umgehen. Ich will ihn (oder sie) so selten sehen, wie es geht.« Aber Sie wissen auch: Sie werden Ihrem Ex-Partner über Ihr Kind verbunden bleiben. Das Wechselmodell ist die Chance, dass Sie Ihrem Kind den Papa, die Mama erhalten. Und es bietet auch Chancen für Sie.

Im Jahr 2010 wurden in Deutschland rund 187 000 Ehen geschieden. Mehr als 145 000 Kinder wurden mit dieser Situation konfrontiert. Und mit den einhergehenden Veränderungen und eventuell neuen Partnern bei Mama und Papa. Patchwork-Familien gehören längst zu unserer Lebenswirklichkeit. Wie fügt sich das Wechselmodell hier ein?

Lesen Sie, was Kinder aus Wechselmodell-Familien erzählen. Und junge Erwachsene, die darin großgeworden sind, gleichermaßen erzogen von Mutter und Vater.

Mit unseren Informationen und den Stellungnahmen von Psychologen, einem Familiencoach und einer Rechtsanwältin, sowie zahlreichen Erfahrungsberichten möchten wir verantwortungsvollen Eltern, die nicht mehr zusammenleben wollen, Mut machen. Mut machen, sich dieses Lebensmodell anzuschauen und es zu prüfen – als Alternative zum Althergebrachten.

1. Die Trennung: Eine heile Kinderwelt zerbricht. Etwas Neues entsteht

Jeden Sonntag gegen 18 Uhr macht sich Lisa auf den Weg. Mal an der Hand ihrer Mama, mal an der Hand ihres Papas. Je nachdem, zu wem sie gerade zieht. Lisa ist acht Jahre alt. Seit einem Jahr leben ihre Eltern getrennt in unterschiedlichen Wohnungen. Die liegen so nah beieinander, dass Lisa immer zu Fuß umzieht. Sie trägt dann ihren Schultornister mit den Delphinen auf dem Rücken, das Kuschelschwein Bärbelchen daran festgeschnallt. Diesmal trägt die Mutter die Sporttasche mit dem Hockeyschläger und die Tasche mit dem großen Zeichenblock. Wenn ihr Vater Lisa dann am nächsten Sonntag wieder zurückbringt, ist das genauso. Fast. Ihr Vater trägt nur die Sporttasche, weil sie beide immer den Zeichenblock vergessen. Den muss Lisa dann am nächsten Tag nach der Schule holen, oder aber der Vater legt ihn vor Mamas Haustür.

Eine Woche Mama, eine Woche Papa: Für Lisa ist das inzwischen ganz normal geworden

Am Anfang war das nicht so, da war gar nichts normal. Am Anfang war die ganze Trennung für Lisa ein Schrecken. Nicht mehr mit Mama und Papa gemeinsam wohnen? Mama hat eine andere Wohnung als Papa? Die beiden haben sich nicht mehr lieb? Aber beide haben sie, Lisa, weiter lieb? Wie sollte Lisa sich das vorstellen?

Die Mutter nahm damals ihre Tochter mit in die neue

Wohnung, nur ein paar hundert Meter entfernt von der des Vaters. Aber die Wohnung war noch nicht fertig, überall ragten Leitungen aus der Wand, Lisas Füße machten Abdrücke auf der Staubschicht des Bodens. Die Mutter zeigte Lisa ihr neues Zimmer. Groß war es und hell und an der Decke hatte es ein Loch. Da konnte Lisa die Dämmung des Daches sehen. »Gefällt es dir?«, fragte die Mutter. Lisa nickte ein bisschen.

Wieder zu Hause, in Papas Wohnung, wo ja Mama auch noch wohnte, warf Lisa sich weinend auf das Sofa im Wohnzimmer. Wenn so das neue Leben aussehen sollte – ein Kinderzimmer mit Loch und alles dreckig und kaputt und nirgends etwas schön –, dann sollten ihr die zwei Zuhause gestohlen bleiben.

Vor Kurzem hat Sylvia, Lisas Mutter, ihre Tochter auf diesen Moment angesprochen. Lisa konnte sich nicht mehr daran erinnern. Sylvia schon. Die unbändige Trauer ihrer Tochter, dieses jammervolle Schluchzen auf dem Sofa, hat sich tief in sie eingebrannt. Diese Trauer über die verlorene Einheit der Familie, die Angst vor dem, was kommt.

Das Kinderzimmer wurde schließlich fertig, mit hellblauen Wänden, wie Lisa es sich wünschte. Lisa half beim Einräumen. Und half auch in der Papa-Wohnung beim Umräumen. Der Vater änderte die Zimmer-Aufteilung. Lisa bekam das frühere Eltern-Schlafzimmer. Ihre Mutter weiß nicht, wie Lisas neues Zuhause beim Vater aussieht. Wie ihre Tochter eine Woche lang wohnt, wenn sie nicht bei ihr ist.

Sylvia kann das mittlerweile aushalten – das Nicht-mehr-alles-Wissen vom Leben ihrer kleinen Tochter. Denn Sylvia hält ihren Ex-Mann für einen guten Vater. Selbst wenn sie wütend war über ihn hat Sylvia daran nie gezweifelt. Sie hat das Wechselmodell immer favorisiert als Familienmodell der Trennungsfamilie: Lisa sollte ihren Vater nicht nur alle zwei Wochen am Wochenende sehen dürfen.

Und deshalb zieht Lisa jede Woche um, einmal zu Mama, einmal zu Papa. Denn der gehört zu ihrem Leben dazu wie die Mama auch. Das ist doch völlig normal, findet Lisa.

Was Lisa als »völlig normal« empfindet, nämlich zwei Zuhause zu haben, wird von Wissenschaftlern als Forschungsbereich gerade erst entdeckt – und bestätigt. Da heißt das Wechselmodell, etwas komplizierter »multilokales Familienleben«, etwa in der aktuellsten Studie zu diesem Thema, durchgeführt vom renommierten Deutschen Jugendinstitut in München. Dessen Expertinnen kommen in der Untersuchung »Wenn Eltern sich trennen – Familienleben an mehreren Orten« nach Interviews mit Kindern und Eltern zu folgendem Ergebnis: »Auch wenn eine Trennung oder Scheidung der Eltern für die Kinder ein einschneidendes Ereignis ist, werden der Alltag an zwei Orten sowie das Pendeln zwischen diesen für sie nach einiger Zeit zur Normalität.« (vgl. www.dji.de/presse/medieninfo/2011/2011_12_15.pdf) Außerdem, so das Deutsche Jugendinstitut weiter, seien die Kinder in der Lage, sich an beiden Orten, also sowohl in der Wohnung des Vaters als auch in der Wohnung der Mutter, zu Hause zu fühlen. Sie »betrachten Mutter und Vater weiterhin als Teil ihrer Familie« (vgl. www.dji.de/presse/medieninfo/2011/2011_12_15.pdf).

Das Wechselmodell: Väter gegen Mütter?

Was für ein schöner Anreiz für das Wechselmodell. Jedenfalls, wenn alles, oder besser: vieles, glattläuft. Denn diese Lebensform nach einer Trennung stellt Bedingungen an die Eltern. Nur wenn diese erfüllt werden, können die Kinder diese schöne Normalität erleben. Wir werden auf diese Bedingungen zu sprechen kommen. Sie sind nicht unerfüllbar oder bleischwer. Nein, die wichtigsten haben etwas zu tun mit Achtung und einem Mindestmaß an Gesprächsbereitschaft. Beides für sich mag zu Beginn einer Trennung schwer genug fallen. Doch wenn die Bereitschaft für das Wechselmodell da ist oder eine Zeit damit gelebt wird, rücken die Ex-Paar-Auseinandersetzungen in den Hintergrund, verlieren dem Kind zuliebe an Schärfe. Wir haben mit zahlreichen Familien bundesweit gesprochen, die das Wechselmodell leben. Väter und Mütter haben uns erzählt, manchmal selbst überrascht, dass die großen Konflikte, die zur Trennung führten, im neuen Familienalltag keine besonders große Rolle mehr spielten. Und auch die Kinder sprechen, nach dem Umgang der Eltern untereinander befragt, nicht mehr von großen Streits zwischen Mama und Papa.

Kommen wir noch einmal zurück auf Lisas Mutter Sylvia. Sie ist eine typische und zugleich untypische Mutter. Typisch, weil sie vor, während und nach der Trennung oft ziemlich sauer war auf ihren Ex-Mann. Weil sie Angst hat um das Seelenheil ihrer kleinen Tochter während der aufreibenden Trennungszeit der Eltern. Weil sie, die Mutter, Lisa immer gerne um sich haben möchte.

Untypisch ist Sylvia, weil sie das Wechselmodell von Anfang an als praktikable Möglichkeit für die getrennte Familie betrachtete, schon während der Trennungsphase. Sylvia ließ sich von Anfang an darauf ein, ihre Tochter zumindest tageweise nicht zu sehen. Zugunsten ihrer Tochter und auch, ja, zugunsten des Vaters. Untypisch für viele Frauen ist Sylvia vielleicht auch, weil es ihr sehr früh gelang, die Elternbasis zu trennen von der Ebene wütender, gescheiterter Eheleute.

Wenn man durch die Trennungsforen surft – derer gibt es ja zuhauf im Internet –, wird man zumeist Väter finden, die das Wechselmodell favorisieren. Und die von ellenlangen Auseinandersetzungen mit ihren Ex-Frauen berichten, die dieses Modell boykottierten. Und wenn man diese Foren-Einträge liest, spürt man geradezu den Hass, den frühere Lebens- und Liebespartner übereinander ausschütten. Geldfragen, Erziehungsansätze und Misstrauen gegeneinander verquicken sich zur unerfreulichen Melange. Böse Mütter kontra gute Väter? Oder umgekehrt. Muss das sein?

Das Wechselmodell verdient es, nicht in der Schmuddel-Ecke wütender Ex-Paare zertreten zu werden. Es bietet – wenn die Regelfamilie schon nicht mehr existiert – vor allem Vorteile für die Kinder. Aber auch für Mütter und Väter.

Väter wollen keine Freizeitpapis mehr sein

Schauen wir auf die Statistik: In fast 90 Prozent aller Scheidungen bleiben die Kinder bislang bei den Müttern. So stellt es das Statistische Bundesamt fest. Die Väter haben den sogenannten Regelumgang mit ihren Kindern. Das bedeutet: Die Kinder besuchen den Vater jedes zweite Wochenende und eventuell einen Nachmittag in der Woche. Die Folge dieses Umgangsmodells, das in Deutschland zum Standard gesetzt wurde: Nach ein bis zwei Jahren hat ein Fünftel dieser Väter den Kontakt zu Söhnen und Töchtern verloren. Viele Trennungskinder in Deutschland wachsen also ganz ohne Vater auf. Die meisten anderen erleben ihn höchstens als Freizeitpapa, der ordentlich was losmacht am Besuchswochenende. Und gegenüber der gestressten Mutter gut gelaunt auftrumpfen kann, weil er mit Erziehungsfragen und Tagesstreitereien wenig am Hut hat.

Solche Geschichten kennt Ralf Stallbaum zur Genüge. Er ist Trennungsberater bei der Diakonie in Wuppertal. Täglich hört er von Ängsten, Sorgen und Wut. Er weiß um die

Beschwerden von Müttern, die sonntagabends, nach dem eventgeprägten Besuchswochenende, aufgedrehte Kinder beruhigen und am nächsten Morgen in den Kindergarten- oder Schulalltag schicken müssen. Ralf Stallbaum weiß aber auch um den Rückzug der Väter, die – einmal vom Leben ihrer Kinder ausgeschlossen – irgendwann oft genug frei- willig draußen bleiben. Sich mit der Rolle des Wochenend- Papas zufriedengeben. Mit welchen Folgen für das Kind?

Da ist Ralf Stallbaum sehr klar: »Ich verstümmele ein Kind, wenn ich den Vater entferne«, sagt er ohne Wenn und Aber. »Kinder, die Väter und Mütter haben, denen geht es besser als Kindern, die nur eine Fantasie haben von einem Elternteil, der nicht da ist.« Diese Kinder überhöhten den fehlenden Elternteil, meist den Vater. Im Leben der Kinder habe das oft Konsequenzen: Mädchen etwa suchten wo- möglich eine Vaterfigur als Partner, Jungen fehle das männ- liche Vorbild.

Beim Wechselmodell gehen die Väter nicht verloren

So sieht es der Trennungsberater: »Das Wechselmodell ist die Chance, dass Kinder nach einer Trennung ihre Väter nicht verlieren.« Und deshalb die Möglichkeit haben, im Wortsinn vollständiger aufzuwachsen.

Seit der Kindschaftsrechtsreform von 1998 ist in Deutschland die gemeinschaftliche Sorge der Eltern nach der Trennung der Normalfall. Der Gesetzgeber geht davon aus, dass der Kontakt zu beiden Elternteilen am ehesten dem Kindeswohl entspricht. Und doch ist das abwech- selnde Für-das-Kind-Sorgen immer noch ungewöhnlich. Für Ralf Stallbaum ist das nur aus der Tradition geboren, nicht aus einer kinderpsychologischen Notwendigkeit.

»Was kann schlimm daran sein«, fragt er provokativ,

»was kann schlimm daran sein, wenn ein Kind erlebt: Mein Vater holt mich von der Schule ab, bei meinem Vater mache ich Hausaufgaben, bei meinem Vater gehe ich duschen, mein Vater bringt mich ins Bett? Wo steht, dass es schädlich ist für ein Kind, wenn der Vater das Essen macht?«

Aber können die Väter das überhaupt? Ihr Kind versorgen? Viele von ihnen haben doch während des Zusammenlebens als »normale« Familie wenig zu tun gehabt mit Haushalt, Einkauf, Fürsorge. Als Hauptverdiener kommen sie schließlich oft erst von der Arbeit nach Hause, wenn die kleineren Kinder schon im Bett liegen oder bald hinein müssen. Berufstätige Väter in deutschen Regelfamilien verbringen im Schnitt gerade mal 37 Minuten am Tag mit ihren Kindern. So sagt es eine aktuelle Studie der Organisation für wirtschaftliche Zusammenarbeit und Entwicklung, OECD.

»Viele Väter entwickeln erst durch die Trennung ein eigenes, enges Verhältnis zu ihren Kindern.«, sagt dazu Ralf Stallbaum. Das Wechselmodell müsse ja nicht zwingend halbe-halbe laufen, erst recht nicht zu Beginn, sagt Stallbaum. Väter, die den Kontakt erst aufbauten zu ihrem vielleicht noch kleineren Kind – die sollten mit Tageskontakten anfangen. Doch Väter lernten schnell, für ihre Kinder zu sorgen. Wenn die Mütter das zuließen. Jeder zusätzliche Kontakt zum Vater sei besser als die starre, von vorgeschriebenen Stunden gegängelte Umgangsregelung.

Eine weitere Frage: Wollen die Väter das überhaupt – das Kümmern ums Kind? »Viele Väter unbedingt.« Ralf Stallbaum beobachtet seit einigen Jahren, dass sich Väter nach einer Trennung mehr einbringen wollen. Sie möchten ihre Kinder nicht verlieren, sie beanspruchen Verantwortung für ihre Söhne und Töchter. Etliche Väter stecken sogar beruflich zurück, damit sie mehr Zeit haben für die Kinderbetreuung. Für viele Mütter ist das eine Herausforderung.

In finanzieller Hinsicht – wie wir später sehen werden. Aber auch in emotionaler. Denn sie müssen ihre Kinder loslassen in der Zeit, in der sie beim Vater sind. Sie müssen ertragen lernen, ihre Kinder zu vermissen. Das Gefühl aufwerten, ihren Kindern etwas Gutes zu tun, indem sie bei ihren Vätern sein dürfen.

2. Trennung muss man lernen: Vom Abschied und Wiedersehen

Das Wechselmodell ist geprägt von vielen kleinen Abschieden, aber auch von der Wiedersehensfreude. Nicht nur Mütter, sondern auch Väter müssen sich regelmäßig vom Kind verabschieden. Wenn das Kind zum anderen geht, dann kann Angst beim zurückbleibenden Elternteil entstehen, Angst, das Kind zu verlieren, Angst, es könnte sich beim anderen wohler fühlen, den anderen mehr lieben. Die Kinder verabschieden sich dagegen von dem einen Elternteil meist mit einem guten Gefühl. Sie sind voller Vorfreude, jetzt den anderen geliebten Elternteil wiederzusehen. Sie verlassen ein Zuhause, um in das andere zu wechseln. Vielleicht hat ein Elternteil wieder einen neuen Partner, vielleicht hat der wiederum Kinder aus einer anderen Beziehung mitgebracht, oder vielleicht sind ja sogar Geschwisterkinder geboren worden. Vielleicht lebt ein Elternteil allein, oder auch beide. Bei all den Möglichkeiten steht fest: Das Kind, das wechselt, erlebt zwei unterschiedliche Realitäten. Während sich das Kind von der einen Realität verabschiedet, freut es sich auf die andere. Die Eltern müssen dafür sorgen, dass das Kind dies ohne Loyalitätskonflikte managen kann. Ein empfindlicher Moment im Wechselmodell: die Übergabe der Kinder an den anderen Elternteil.

Thorsten ist seit zwölf Jahren von seiner Frau getrennt. Er hat zwei Söhne mit ihr, die inzwischen erwachsen sind. Von Anfang an sind die Kinder zwischen ihm und seiner Ex-Frau gependelt. Das war zu Beginn vor allem Thorstens Wunsch. Denn seit seine Kinder auf der Welt sind, kümmert er sich mit um sie. Ihm war es von Anfang an wichtig, eine eigene Beziehung zu seinen Söhnen zu haben. Auch nach der Trennung von seiner Frau wollte er auf jeden Fall mit ihnen weiter Alltag erleben: Schulbrote schmieren, Hausaufgaben nachsehen, blutige Knie verpflastern, Essen kochen, Kinderpullis waschen. Seine Frau war anfangs nicht so überzeugt, doch schließlich ließ sie sich auf das Wechselmodell ein. Thorsten und seine Ex-Frau machten sich viele Gedanken darüber, wie sie das neue Familienleben im Wechselmodell gestalten sollten. Wichtig war beiden, dass ihren Kindern, damals acht und zehn Jahre alt, der ständige Wechsel nicht schwerfallen sollte. Der Anspruch der Eltern: Kein Stress bei der Übergabe! Schließlich einigten sich Thorsten und seine Ex-Frau, dass die Kinder jeweils von dem anderen abgeholt werden sollen. »Denn abgeholt zu werden ist vielleicht ein schöneres Gefühl für die Kinder, als weggebracht zu werden«, sagt Thorsten. »Die Kinder sollen nicht denken, oh, jetzt bringt mich der Papa weg, jetzt schiebt er mich ab zur Mama.«

Dabei erinnert sich Thorsten an eine ganz besondere Übergabe.

Die Kinder sind bei ihm. Der Wechsel zur Mutter steht bevor. Die Taschen sind gepackt im Flur, die Mutter wird in wenigen Minuten kommen, um die Jungen abzuholen. Der kleinere Sohn, Simon, damals acht Jahre alt, hockt im Flur, zieht sich die Schuhe an. Als er sich die Schleife zubindet, hält er plötzlich inne, schaut hoch zu seinem Vater, nachdenklich und ein bisschen unsicher.

Kann ich dem Papa das jetzt sagen? Diese Frage ist in seinem Gesicht zu lesen. Aber das Gefühl in seinem Bauch, es ist so stark, dass er gar nicht anders kann. Er sagt es. Er sagt seinem Vater:

»Ich freu mich auf Mama!«

Mehr nicht. Nur »Ich freu mich auf Mama.« Simon schaut seinen Vater gespannt an. Was wird der tun? Sagen? Wird er jetzt traurig sein? Oder wütend?

Thorsten ist in dem Moment klar, was Simon jetzt braucht. Er nimmt ihn in den Arm, drückt ihn fest an sich. »Simon, das sollst du auch. Du sollst dich auf Mama freuen! Ich hab dich lieb«, sagt er zu ihm. Als es wenige Augenblicke später an der Haustür klingelt, springt Simon lachend seiner Mutter entgegen.

Thorsten erinnert sich, dass er damals froh und zugleich betroffen war. Froh, dass sich Simon getraut hatte zu sagen: Ich freu mich auf Mama; betroffen, weil er spürte, in welchem Konflikt Simon steckte. Simon wollte in diesem Moment vor allem wissen: Ist es in Ordnung für Papa, wenn ich die Mama auch lieb habe?

Unsicher: Simon hat Schuldgefühle

Die Psychologin Katharina Grünewald coacht in ihrer Kölner Praxis Trennungsfamilien. Die geschilderte Situation von Thorsten und Simon findet sie spannend und typisch zugleich: Ein Kind, dessen Eltern sich getrennt haben, will wieder eine Einheit finden. Und Simon hat dabei richtig was riskiert.

»Wenn der Papa die Mama nicht mehr liebt, weil er die vielleicht doof findet, dann tu ich ihm damit schon weh, wenn ich ihm sage: ›Ich hab die Mama lieb‹«, sagt sie. »Deshalb hat das Kind erst einmal Schuldgefühle, wenn es sagt: ›Ich hab die Mama lieb.‹ Der Vater von Simon hat das klasse gemacht«, sagt Katharina Grünewald.

Denn Thorsten habe sehr schnell registriert, in welcher Not sein kleiner Sohn steckte, deshalb habe er ihm da heraus geholfen. Er habe ihm die Last von den Schultern genommen, indem er als Vater den Sohn ausdrücklich dazu aufgefordert habe, sich auf die Mutter zu freuen. Zur Bestätigung habe Thorsten den Achtjährigen noch in die Arme geschlossen. »Das war ganz wichtig für Simon«, lobt Katharina Grünewald, »denn Kinder sind nach der Trennung der Eltern auf der Suche nach einem neuen Elternhalt.

Vor der Trennung erlebt ein Kind seine Eltern als die sicherste Basis der Welt, denn immer, wenn eine Unsicherheit passiert, sind die Eltern zur Stelle. Das Kind braucht nur einen hilfesuchenden Blick auf die Eltern zu werfen, und schon bringen die alles wieder in Ordnung, sodass das Kind sich wieder sicher fühlt. Wenn sich die Eltern trennen, dann verliert ein Kind erst einmal den festen Halt seiner Eltern. Es hat das Gefühl, den Boden unter den Füßen zu verlieren. Für ein Kind ist die Trennung der geliebten Eltern die größte Katastrophe.«

Voller Angst: Kinder wollen niemanden verlieren

Wenn ein Kind zusammen mit Mutter und Vater aufwächst, fühlt es sich sicher und geborgen. Es spürt: Zwei Menschen schauen nach mir. Das Kind hat, je nachdem, wie alt es ist, eine Beziehung sowohl zu seinen Eltern als Paar, als auch eine Beziehung zur Mutter und zum Vater. Dann, für das Kind meist sehr plötzlich, trennen sich die Eltern.

Die Dortmunder Psychoanalytikerin Birgit Schmitt erfährt über ihre Arbeit mit Klienten, wie schlimm für ein Kind eine Trennung sein kann. In dem Moment müssen Eltern genau hinschauen, auch wenn sie selbst sehr mit sich beschäftigt sind. Wie verhält sich das Kind? Zieht es sich zurück? Wird es aggressiv? »Kinder reagieren mit Angst auf eine Trennung«, sagt Birgit Schmitt, »es macht Angst, dass Menschen, die immer gesagt haben, dass sie sich lieb haben, dass sie zusammenleben wollen, plötzlich ›nein‹ sagen, ist nicht mehr, wir trennen uns jetzt.« Denn Kinder drehen die Schraube weiter, in der Regel entsteht bei ihnen die Frage: »Entlieben sich die Eltern jetzt auch von mir?« Birgit Schmitt: »Dies wird für das Kind dann erst einmal eine große Unsicherheit bedeuten.«

Und hier kann das Wechselmodell ein Kind entlasten. Denn im Wechselmodell erlebt das Kind, dass es niemanden verliert. Es erlebt, dass sich Mama und Papa weiterhin um es kümmern, für es da sind. »Die Sicherheit, zu wissen, dass beide Eltern immer gleich viel da sind, scheint mir ein großer Vorteil des Wechselmodells zu sein«, sagt die Psychoanalytikerin. »Die Beziehung ist zu beiden Elternteilen gleichwertig, das ist toll! Das Kind hat das Gefühl: Ich bin für beide Eltern gleich wichtig. Beide wollen zu mir eine gleiche Beziehung haben.«

Ein Kind, das fühlt, dass es wichtig ist, schafft es viel leichter, seine eigenen Gefühle zu zeigen.

Frisch getrennt: Julians heile Welt fällt zusammen

»Als ich das erfahren habe, ist die Welt für mich zusammengebrochen. Nicht für lange, aber für ein paar Tage.« So fühlte Julian, damals sieben Jahre alt, als ihm seine Mutter sagte, dass sie sich von seinen Vater trennen werde. Julian, heute zwanzig, kann sich an Streit zwischen seinen Eltern nicht erinnern. Tatsächlich hatten die es immer vermieden, in seinem Beisein zu streiten. So kam für den damals Siebenjährigen die Trennung völlig überraschend und erschütterte seine bis dahin sichere Kinderwelt.

In seiner Erinnerung dauerte die innere Katastrophe nur eine kurze Zeit. »Meine Eltern haben irgendwie gesagt, dass ich dann eine Woche bei Mama und eine bei Papa sein würde.« Sonst werde sich nicht so viel für ihn verändern, versprachen die Eltern. Er habe nun eben zwei Kinderzimmer, zwei Orte, wo er zu Hause sei.

So erlebte Julian es auch: Er ist gleich oft bei seiner Mutter und bei seinem Vater, er schläft in seinen beiden Kinderzimmern gleich viel. Das kam alles genau so, wie es ihm die Eltern gesagt hatten. Doch eine Veränderung gab es doch – und damit musste Julian klarkommen: Er hatte mit Konflikten zu kämpfen. Wie verteile ich meine Liebe gerecht? Muss ich meine Liebe gerecht verteilen?

»Das sind keine Gedanken, die Kinder bewusst anstellen«, sagt Katharina Grünewald. Aber Trennungskinder übernähmen oft unbewusst eine Verantwortung: Wie kann ich es anstellen, dass Mama glücklich ist, dass es Papa gut geht? »Trennungskinder entwickeln total sensible Antennen und fragen: Wie geht es Mama, wie geht es Papa?«, sagt Katharina Grünewald. Die Kinder passten ungeheuer auf, sie wollten nichts falsch machen – das ist ihre Strategie, um die zersprungene Welt zu kitten.

Gefährlich: Kinder wollen,
dass es den Eltern gut geht

Auch für die Eltern zerbricht eine heile Familienwelt, die sie einst mit Zuversicht und Hoffnung gegründet hatten. Die gemeinsame Zukunft, das Miteinander-Altwerden: Alle Träume liegen in Scherben. Die Eltern fühlen sich gescheitert, schuldig und verletzt.

Das ist bei jeder Trennung so. Im Wechselmodell aber haben die – womöglich zerstrittenen – Eltern mehr miteinander zu tun als Elternpaare, die sich für den Regelumgang entscheiden. Weil sie mehr absprechen müssen, mehr organisieren müssen.

Aber die Verletzungen und Gefühle lassen sich nicht einfach unterdrücken. Es ist eine Ausnahmesituation – für alle Beteiligten. Wie sollen sich die Erwachsenen verhalten? Sollten sie ihren Kindern gegenüber so tun, als hätten sie alles im Griff? »Nein«, sagt die Psychologin Katharina Grünewald. Das Kind dürfe durchaus spüren, dass es Vater und Mutter nicht gut gehe. Aber es müsse das Signal bekommen, dass die Eltern für sich selbst Verantwortung übernähmen. »Da kann man dem Kind ruhig sagen: ›Im Moment geht es mir nicht gut. Aber ich kümmere mich darum, dass es wieder bergauf geht. Ich kriege das hin.‹«

Es sei wichtig, das Kind nicht mit den Gefühlen der Eltern zu belasten. Damit für die Kinder genug Raum bleibe, ihre eigenen Gefühle zu spüren, ohne sich für Mama und Papa verantwortlich zu fühlen.

Denn dazu seien Kinder nur allzu schnell bereit. »Manchmal senden Eltern einen hilflosen Appell an die Kinder: Ich bin durch den Wind, kümmere du dich doch mal um mich!«, sagt die Psychologin. »Und schon sind kleine Jungen und Mädchen in der Ersatzpartnerrolle und managen das Leben ihrer Eltern«, warnt Katharina Grünewald und beschreibt, was dann passiert. »Denn, wenn Kinder merken, Mama geht es nicht gut und die nimmt die Verantwortung nicht in die Hand, dann muss ich mich drum kümmern. Dann ist das Kind mit seinen sensiblen Antennen sehr viel mehr bei Mama oder Papa als bei sich selbst. Dann spürt es unter Umständen nicht das starke Gefühl im Bauch wie Simon und traut sich nicht zu sagen: ›Ich freu mich auf Mama.‹« In so einem Fall könne ein Kind psychosomatische Störungen entwickeln: »Wenn ein Kind sich eigentlich auf Mama freut, sich das aber nicht zu sagen traut, dann wird es in dieser Situation vielleicht sagen: ›Mein Bauch tut weh.‹«

Wichtig: Kinder müssen eigene Bedürfnisse fühlen

Wie geht das Kind mit seinen eigenen Gefühlen um? Mit seiner Traurigkeit? Versteckt es seine Gefühle, weil es meint, die Eltern damit nicht belasten zu dürfen? Diese Fragen sollten sich Väter und Mütter in Trennung unbedingt stellen, rät auch die Psychoanalytikerin Birgit Schmitt. Eben weil die Gefahr bestehe, dass sich das Kind so sehr auf die Eltern einstelle, sich um deren Wohl kümmern wolle, dass es darüber seine eigenen Bedürfnisse verdränge. Sie nennt ein Beispiel: »Ein Kind, das beispielsweise nur bei der Mutter lebt, und der Mutter geht es schlecht, wird seine Mutter unterstützen wollen, damit die stabil bleibt. Denn, wenn die Mutter nicht funktioniert, dann hat das Kind nach der Trennung ja niemanden mehr! Also wird das Kind die Mutter unterstützen, um das eigene Dasein zu sichern.«

Auch hier kann das Wechselmodell ein Kind entlasten. Das Kind, das sich verpflichtet fühlt, sich um den schwächeren Elternteil zu kümmern, wird durchatmen können, wenn es zu dem anderen wechseln kann. Doch auch hier muss man, so die Psychoanalytikerin, schauen, dass das

Kind frei und mit Freude zum anderen Elternteil zieht: »Das Kind darf nicht das Gefühl haben, wenn es zum stärkeren Elternteil wechselt, dass es das nicht dürfe, weil der andere es ja braucht.« Birgit Schmitt rät Eltern, ihre Kinder zu unterstützen, schließlich werden in solchen Situationen möglicherweise Weichen für das Leben gestellt: »Wer als Kind schon verlernt, eigene Bedürfnisse zuzulassen, der wird auch als Erwachsener damit Probleme kriegen.«

Gerecht: Max will alles gleich

Läuft es im Wechselmodell gut, fühlt sich das Kind bei beiden geliebt und merkt, »die wollen, dass es mir trotz Trennung gut geht, die geben sich alle Mühe«, dann hat das Kind eine gute Chance, seine eigenen Bedürfnisse zu erkennen und zu äußern.

Max, zwölf Jahre alt, hat das getan. Nach zwei Jahren eine Woche Mama, eine Woche Papa stellte er für sich fest: Der Wechselrhythmus ist zu kurz. Er will länger bei dem jeweiligen Elternteil bleiben: »Ich habe gesagt, dass ich mich nicht so richtig einleben konnte, und da habe ich den Rhythmus verlängert.«

Max hat dafür gekämpft, dass er nun nur noch alle zwei Wochen sonntags umzieht. Seine Eltern waren anfangs nicht sehr begeistert von der Idee. Zwei Wochen ohne Kind: schwer auszuhalten für die Mutter und den Vater.

Doch Max hat nicht lockergelassen, er hat immer wieder davon angefangen, sich beschwert, dass er gar kein richtiges Wochenende habe, jeden Sonntag müsse er die Tasche packen und wechseln. »Eine Woche ist zu kurz. Die Tage gehen zu schnell vorbei«, argumentierte er. Schließlich die Einigung: »Wir probieren das bis zu den Sommerferien«, entschieden die Eltern.

Max ist zufrieden, auch wenn es bei dieser Regelung einen Wermutstropfen gibt. »Manchmal«, räumt er ein, »manchmal werden die zwei Wochen doch lang. Manchmal vermisse ich dann den anderen. Also, wenn ich von meiner Mutter zu meinem Vater gehe, vermisse ich schon meine Mutter und andersrum und denke, dass man die jetzt erst mal nicht mehr sieht.«

Wenn ihn dann die Sehnsucht packt, dann wartet er einfach ab. »Bis sie weggeht«, sagt er und lacht ein bisschen verlegen. In den Momenten der Sehnsucht denkt er dann: »Also, wenn ich bei meinem Vater bin und meine Mutter vermisse, dann fänd ich es auch manchmal besser, wenn die wieder zusammen sein würden, aber eigentlich ist mir das auch egal, weil ich meine Mutter ja bald wiedersehe. Es ist von daher o.k.« Das Abwarten und Aushalten: Max' Mittel gegen die Sehnsucht.

Denn im Großen und Ganzen fühlt sich sein Leben inzwischen ganz entspannt an. Alles hat sich eingespielt, und mit seinen beiden Zuhause kommt er gut klar. »Das fühlt sich jetzt nicht so an, als würde man woanders hinziehen, sondern eher so, als würde man nur woanders wohnen. Es ist schon ziemlich normal geworden«, erklärt er.

Zwei Wochen bei dem einen heißt für Max nicht, dass er den anderen dann gar nicht sieht. Er geht regelmäßig zum Fechten, da holt ihn dann der andere Elternteil manchmal ab, oder manchmal geht man auch zusammen essen, erzählt er.

Und wenn die zwei Wochen vorbei sind, packt er seine Taschen. Seine Mutter hat einmal eine Liste geschrieben, damit er es leichter hat. Aber jetzt hat er diese Liste nicht mehr nötig, weil es inzwischen schon zur Gewohnheit in seinem Leben geworden ist: »Die Gitarre, das Fechtzeug, die Schulsachen, ein paar Anziehsachen und Sportzeug. Ja.«

Damit er nichts vergisst, guckt seine Mutter beim Abschied auch noch mal auf die gepackten Taschen.

Und dann ist sie da: die Freude auf den anderen, auf den Vater. Bei dem er jetzt die kommenden zwei Wochen zu Hause sein wird.

An das Einleben muss er sich immer noch gewöhnen. »Wenn ich zu meinem Vater nach Hause komme, rufe ich auch manchmal »Mama!« oder so, weil ich mich halt vertu.« Darüber muss er etwas lachen, sagt dann noch: »Aber eigentlich geht das Einleben dann ziemlich schnell.«

Für Max ist es das Wichtigste, dass er beide gleich viel sieht. Genau gleich viel. »Ich mag beide gleich viel und dann denk ich mir immer, dass, wenn ich mehr bei meiner Mutter wär: oh, der arme Papa! Oder anders: die arme Mama. – Ja.«

Max hat dafür gesorgt, dass sein Zimmer beim Vater fast so aussieht wie das bei der Mutter. Der Vater wohnt in dem Haus, in dem er bis zur Trennung der Eltern immer gelebt hat. Zehn Jahre lang, zusammen mit seiner Mutter und dem Hund. Der ist aber schon länger tot. »Er war alt«, erklärt Max.

Vor ein paar Wochen hat Max sein altes Kinderzimmer neu gestrichen. Eine Wand ist jetzt grün. Ihm ist wichtig, dass seine beiden Zuhause gleich schön sind. Deshalb hat er kurze Zeit später sein Zimmer in der Wohnung seiner Mutter auch neu gestrichen. Auch grün. Weil ihm das so gut gefallen hat, hat er gleich drei Wände grün gestrichen. »Ich habe bei beiden das Gleiche«, sagt er zufrieden. » Also bei beiden habe ich einen Schreibtisch, Bett, also eigentlich überall das Gleiche. – Ist beides gleich gut.« Nach jedem Satz macht er eine Pause. Max denkt gründlich nach, bevor er spricht. Er will nichts Falsches sagen. Seine Sätze sollen schließlich der Wahrheit ganz nahekommen. »Ja«, schiebt er dann nachdenklich hinterher, »ja«, wenn ihm ein Satz richtig gelungen ist.

Sicher: Max schafft sich seine Einheit wieder

»Für Max ist es wichtig, dass er seine Einheit wiederfindet«, sagt Therapeutin Katharina Grünewald. Denn nach der Trennung sind seine Eltern erst einmal keine Einheit mehr für ihn. »Max braucht für seine Wirklichkeit aber eine Einheit«, erklärt Grünewald, »also schafft er sich seine Einheit selbst, weil er eine sichere Basis braucht. Und diese Basis besteht aus Gleichheit, aus Gleichbehandlung. Das funktioniert erst einmal. Das ist sein oberstes Prinzip, sein Wert, den er sich geschaffen hat und der ihm Halt gibt.«

Max will nicht nur, dass seine beiden Zuhause gleich aussehen, er will auch, dass er sich trotz des regelmäßigen Wechselns bei beiden richtig zu Hause fühlt. Er glaubt, dass er das besser hinkriegen kann, wenn er länger bei dem jeweiligen Elternteil bleibt. Deswegen hat er sich gewünscht, nur noch alle zwei Wochen zu wechseln.

»Wünsche machen aufmerksam auf bestimmte Bedürfnisse«, sagt Katharina Grünewald. »Max wünscht sich das. Aber was drückt er damit aus? Denn nicht alles, was sich ein Kind wünscht, ist auch das, was es braucht! Was braucht Max? Kann ja sein, dass er mehr Zeit benötigt, beim anderen wieder anzukommen.« Katharina Grünewald hat dabei auch die Eltern im Kopf, die Eltern von Max, die sich lange gegen diesen Zwei-Wochen-Rhythmus gesträubt und schließlich dem Drängen ihres Kindes nachgegeben haben. Es soll ihm ja gut gehen.

»Aber ist es richtig, wenn das Kind das bestimmt? Was ist mit dem Mitspracherecht der Eltern? Geben die Eltern aus schlechtem Gewissen nach? Weil das Kind wegen ihnen hin- und herpendeln muss? Ist es richtig, wenn das Kind die ganze Familiensituation mitbestimmt?«, fragt sie kritisch.

Katharina Grünewald berät in ihrer Praxis viele getrennte Familien. Zu oft sieht sie, wie Eltern unter ihrem schlechten Gewissen leiden, weil sie es nicht hingekriegt haben mit der heilen Familie. Weil ihr Traum von Harmonie geplatzt ist. Die Folgen: Die Eltern fühlen sich ihren Kindern gegenüber schlecht. Sie haben ihnen das Leid der Trennung angetan. Die Kinder, unschuldige Opfer der Trennung, sind damit in den Augen der Eltern schutzbedürftiger denn je. Und weil Vater und Mutter ihre Kinder nicht noch stärker belasten wollen, geben sie in Konfliktsituationen mit ihren Kindern häufiger nach, auch wenn es ihnen eigentlich gegen den Strich geht. Die Eltern lassen sich leiten von ihrem schlechten Gewissen den Kindern gegenüber.

Katharina Grünewald warnt davor. Das sei für die Kinder nicht gut, gerade weil die Kinder nach der Trennung auf der Suche nach einem neuen Halt seien. Sie rät den Eltern, genau hinzusehen, wie es denn auch um ihre eigenen Bedürfnisse steht. Im Fall von Max, der nur noch alle zwei Wochen wechseln will, könnten und sollten sich die Eltern fragen, ob das für auch für sie o.k. ist. Nur dann kann das gut sein. »Andererseits«, sagt sie, »könnten sich alle zusammen die Übergaben noch einmal anschauen. Wie läuft das ab, wenn Max seine Sachen packt und von Mama zu Papa wechselt und umgekehrt?« Was braucht Max, damit er nach dem Wechsel schneller ankommt? Erst wenn solche Fragen geklärt sind, sollte man den Rhythmus verändern. Bei Wünschen der Kinder, die auch das Leben der Erwachsenen beeinträchtigen, dürften sich die Eltern ruhig etwas Zeit lassen und genau hingucken, welches Bedürfnis hinter dem Wunsch stecken könnte. »Denn für Eltern kann es schon sehr heftig sein, ihre Kinder gleich zwei Wochen nicht zu sehen.«

Auf diese Analyse hin haben sich Max' Eltern den Wechsel-
rhythmus noch einmal angeschaut. Und sie sind bei den
zwei Wochen geblieben, weil sie den Eindruck haben, dass
er ihrem Sohn guttut. Zwei Wochen lang ein leeres Kinderzimmer – das ist der Preis, den auch Max' Eltern im Wechselmodell zahlen.

Und dieser Preis ist ganz schön hoch. Auch wenn die
Erwachsenen das Wechselmodell als gut und wertvoll für
ihr Kind anerkennen, kommen am Umzugstag oft quälende
Gefühle auf. Mit dem bevorstehenden Abschied kommen
die Zweifel wieder. Ist das alles so richtig, wie es läuft?

Kein Problem: Julian findet Wechselsonntage inzwischen normal

Julian war sieben Jahre alt, als seine Eltern sich trennten.
Seit dem wechselt er jede Woche. Auch heute noch, als jun-
ger Erwachsener. Sonntag ist Wechseltag. Er erinnert sich,
wie es früher war an diesen Sonntagen.

»Als ich noch kleiner war, dachte ich immer, wie gut ich es
habe: keine Zahnspange, keine getrennten Eltern.

Und dann hatte ich beides.

Aber so schlimm, wie ich dachte, wurde es dann doch
nicht. Die Zahnspange musste ich nur nachts tragen, und
meine Eltern kümmern sich auch nach der Trennung beide
um mich. Verändert hat sich eigentlich nur, dass ich seit der
Trennung in zwei Wohnungen lebe. Meine Eltern habe ich
gleich lieb. Ich bin bei beiden gleich gerne, weil beide Wohnungen Vor- und Nachteile haben: Bin ich bei meiner Mutter, dann ist der Weg zur Schule kürzer; bin ich bei meinem
Vater, dann bin ich schneller in der Stadt.

Sonntags ziehe ich immer um. So gegen 18 oder 19 Uhr.
Meine Mutter hatte früher, als ich kleiner war, immer

schlechte Laune. Ihr hat man schon angemerkt, dass ihr der Abschied schwerfiel. Schon nachmittags ging es los. Ich erinnere mich, wie sie dann in mein Zimmer kam, schon mit so einem griesgrämigen Gesicht. Dann fing sie an zu meckern: ›Los, räum endlich auf! Warum hast du deine Schulsachen noch immer nicht gepackt? Da liegt ja noch dein Mathe-Buch, und das Heft, wie sieht das denn aus mit den Eselohren! Und die Sportsachen, meine Güte! Jetzt räum endlich auf, bitte! Und Murkel soll jetzt auch endlich mal in den Käfig!‹

Murkel war mein Meerschweinchen. Das zog mit um. Das war immer eine Riesenaktion. Es lief ja in meinem Zimmer herum und ließ sich verdammt schwer einfangen. Das dauerte. Meine Mutter war aber so ungeduldig und machte Druck. ›Los, fang jetzt mal endlich Murkel ein!‹ Das dauerte dann nur noch länger.

Ich selbst hatte keine schlechte Laune an den Wechselsonntagen.

Für mich war die komplette Geschichte immer völlig in Ordnung. Ich habe immer darauf geachtet, dass meine Eltern nicht darunter leiden. Mir ging's gut mit der Entscheidung, aber ich wollte nie, dass meine Mutter oder mein Vater sich zu viele Gedanken machen, ob's mir jetzt gut geht oder so. Mir ging es gut.«

Schlecht gelaunt: Julians Mutter Britta fällt der Abschied schwer

Britta, die Mutter von Julian, erinnert sich, wie das für sie war in den ersten Jahren an den Wechselsonntagen. Das Verhältnis zu Julians Vater war viele Jahre sehr angespannt und schwierig. Sie sprachen nur über das Nötigste miteinander. An den Sonntagen, an denen sie Julian an seinen Vater abgeben musste, war Britta übellaunig und gereizt. Das ging sonntags nach dem Frühstück los, wenn der Abschied von Julian nicht mehr weit war, wenn sich pünktlich der Gedanke breitmachte: »Warum mach ich's nicht wie die meisten anderen Frauen? Der Vater kriegt das Kind jedes zweite Wochenende und mittwochs. Fertig. Reicht.«

Doch Britta sah, dass Julian seinen Vater liebt und sein Vater das gut mit ihm machte. Britta hatte also keinen Grund, das Modell abzubrechen. »Leider«, dachte sie dann oft, bemitleidete sich selbst an diesen Sonntagen und schämte sich gleich wieder ob ihres Egoismus.

Trotz aller Vernunft: Sie kam regelmäßig, die schlechte Laune an den »Wechselsonntagen«. Sie kam, setzte sich auf die Frühstückszeitung und blieb. Britta erinnert sich noch heute, wie sie dann schon mal tellerscheppernd den Tisch abräumte. Und Jens, ihr neuer Partner, guckte sie nur an, er kannte das inzwischen schon, er ließ sie machen.

Julian spielte meistens im Kinderzimmer. »Mal gucken, was er so macht.« Britta sieht ihn vor sich, wie er da saß im Schneidersitz vor seinem Bett, Micky-Maus-lesend, Murkel, das Meerschwein auf dem Schoß. »Soll ich dir mal einen Witz erzählen?« Julian kriegte sich bei Micky-Maus-Witzen nicht mehr ein, Britta lachte normalerweise darüber, dass Julian sich so wegschrie.

Aber jetzt war Sonntag vor dem Abschied, und die schlechte Laune war da, Britta wollte keinen Micky-Maus-Witz hören.

Sie wollte nicht, dass er ging. Sie wollte dass er blieb, musste aber leider vernünftig sein. Musste sich immer wieder vorsagen: Für Julian ist es gut so. Julian liebte seinen Papa. Und sein Papa liebte ihn. Beide wollten auch gemeinsam ein alltägliches Leben teilen. Und nicht nur Wochenendkind und Wochenendpapi sein.

Das war richtig schwer an diesen Wechselsonntagen. Denn Britta war auch voller Zweifel. War sie nicht eine schlechte Mutter, die ihr Kind abgibt? Haben nicht doch die vielen anderen recht, die sagen: Das Kind gehört zur Mutter! Das Kind muss eine feste Bezugsperson haben! Das Kind muss wissen, wo sein Bett steht! – ?

Und doch packte sie jeden Sonntag die Sachen und schleppte sie ins Auto. Britta sieht es noch vor sich: Mit Meerschwein Murkel im sperrigen Käfig fuhren sie zu Papa und klingelten an seiner Tür. Papa öffnete, schloss Julian lachend in die Arme. Dann half er, das Auto auszuladen. Dann nahm Britta Julian fest in die Arme und wünschte ihm: »Eine schöne Zeit mit deinem Papa.« Die Haustür ging zu. Dann saß Britta im leeren Auto. Es roch noch nach Murkels Stroh.

Voller Zweifel: Sybille will das Beste für ihren Ben

Auch Sybille kämpft gegen die Zweifel an, wenn sie sich von Ben (vier Jahre alt) trennen muss. Sie kämpft gegen ihr Gefühl, das etwas ganz anderes möchte. Sybille hat sich professionell beraten lassen von einer Therapeutin. Was ist das Beste für sie und für Ben? Sybille hat sich nach vielen Gesprächen schließlich überzeugen lassen, dass es für ihren kleinen Sohn gut ist, wenn sich beide um ihn kümmern. Sie und der Papa. »Ich kann damit umgehen, dass der Ben eine Woche hier ist und eine Woche da ist«, sagt sie traurig, »aber für mich ist mein Kind heimatlos. Der hat hier seine Adresse gemeldet, aber es fühlt sich so an, als sei mein Kind heimatlos, das immer hin- und herpendeln muss. Das ist für mich die schlimmste Vorstellung. Und das ich immer so viel verpasse. Wenn er zu einem Kindergeburtstag geht, sehe ich nicht, was er erlebt, das ist das, was mich kaputtmacht so ein bisschen.«

Sybille quält sich mit Selbstvorwürfen: »Ich finde das schlimm, ihn abschieben zu müssen. Für mich ist das wie abschieben. Ich habe Angst, dass es für ihn ein Vertrauensbruch ist. Weil ich ihn getragen habe wie jede Frau, unter dem Herzen, habe ihn gestillt, bin seine Ur-Person gewesen. Und jetzt muss ich ihm sagen, du darfst hier nicht schlafen, das macht mich fertig, macht mich kaputt. Habe Angst, dass das Urvertrauen zerreißt, was sich aufbaut über die Jahre.«

So denkt und fühlt Sybille an den Freitagen, an denen sie Ben an ihren Ex-Mann abgibt. Obwohl sie ihm vertraut. Und inzwischen sind sie auch Freunde geworden, sagt Sybille. Sie unternehmen auch manchmal etwas zu dritt. Sybille möchte nicht, dass Ben ohne Papa aufwächst oder dass er nur alle zwei Wochen einen Wochenend-Papa hat. »Das ist nicht meine Vorstellung von einem Vater,« sagt sie bestimmt, »ist aber auch nicht meine Vorstellung von einer Mutter, ich möchte ihn auch nicht nur alle zwei Wochen haben dürfen.« Sybille sehnt sich nach einem heilen und intakten Familienleben für Ben. Das möchte sie ihm bieten. Doch mit ihrem Ex-Mann wird sie nicht wieder zusammenkommen. Da ist sie sich sicher.

Schuldig: Nur eine Rabenmutter gibt ihr Kind weg

Die heftigen Gefühle und Zweifel, gegen die Sybille und Britta an den Wechseltagen ankämpfen, haben nichts mit der Qualität der Betreuung zu tun, sondern mit dem eigenen Mutterbild. Immer noch leben die meisten Frauen und Männer mit der tradierten Überzeugung: Das Kind gehört zur Mutter! Eine Mutter, die ihr Kind abgibt, ist eine Rabenmutter, ist eine Mutter, die nicht gut für ihr Kind sorgt. Mit diesem Schuldgefühl leben viele Mütter, die sich auf das Wechselmodell einlassen. Zum einen glauben sie ja selbst, dass das Kind zur Mutter gehört. Und zum anderen leben sie in einer Gesellschaft, die nach dieser Überzeugung lebt und urteilt.

Ein Kind gehört zur Mutter! Heißt das also: Ein Kind gehört nicht zum Vater? Heißt das also, ein Kind muss nach der Trennung zwangsläufig seinen Vater verlieren, weil es ja zur Mutter gehört? Kann das wirklich die Alternative sein?

Sybille fühlt sich schuldig, sie zweifelt, grübelt, und es zerreißt sie, weil sie keine Lösung findet, wie sie ihrem Kind eine heile Welt bieten kann. Nämlich genau jene Welt, die gesellschaftlich die anerkannteste ist: Mutter, Vater, Kind. Alle Lebensmodelle, die von dieser Norm abweichen, haben es schwerer. Getrennte haben ein Stigma mehr. Sie sind gescheitert und auch deswegen verunsichert. »Wenn ich in einer Standardfamilie lebe«, so Ralf Stallbaum, »auch wenn wir uns hassen und prügeln, egal, wir sind besser als die Getrennten. Wir sind keine Versager.« Denn wer in einer nicht getrennten Familie lebt, lebt regelkonform. Auf den wird nicht geguckt. Wenn Eltern aber von der Regel abweichen, sich trennen und dann auch noch ein anderes Modell für das Kind wählen als den traditionellen Regelumgang, dann werden besonders die Mütter von ihrer Umgebung kritisch bewertet. Stallbaum erlebt oft genug, wie Außenstehende über Trennungsfamilien richten, die nach neuen Wegen suchen: »Wenn das Kind mehr beim Vater ist, dann ist die Mutter plötzlich schlecht.« Der Trennungsberater kontert: »Dabei sehen die Kinder doch ihren Vater! Der ist ein Teil von ihnen!«

Sybille sieht, dass ihr kleiner Ben beim Vater glücklich ist. Auch wenn sie sich manchmal darüber ärgert, dass er Ben rote Söckchen mit rosa Punkten anzieht. Oder oft unnötig beim kleinsten Schnupfen mit ihm zum Arzt geht. Aber sie weiß ja, dass davon Bens Glück nicht abhängt. Wenn die Zweifel wieder über sie herfallen, dann schaut sie sich Fotos an. Fotos, auf denen Ben lacht, im Schnee tobt, knallrote Wangen hat und die Mütze ganz schief auf dem blonden Kopf sitzt.

»Sybille macht das gut«, sagt Ralf Stallbaum, »sie sagt: Ich fühle mich schlecht, ich habe Angst. In dem Moment lässt sie ihre Gefühle zu. Wer sich seine Angst eingesteht, dem geht es besser.«

Aber es gibt einen Ausweg aus der Angst, dass dem Kind das Wechselmodell schade: nach dem Kind schauen, auf das Kind schauen – mit Hilfe von außen. Ralf Stallbaum nennt das »Krücken finden«, um mit ihrer Hilfe aus Unsicherheit und Sorgen herauszukommen: ein Gespräch im Kindergarten über die Entwicklung des Kindes, ein Treffen mit der Klassenlehrerin, um zu erfahren, ob das Kind gut zurechtkommt, keine Auffälligkeiten zeigt: »Solche Krücken können helfen, dass Eltern nicht an ihren Zweifeln abrutschen.«

Unerträglich: Eltern, die vor ihren Kindern streiten

Das Sortieren von Ängsten und tatsächlichen Problemen nimmt viel Raum in Ralf Stallbaums Beratungen ein. Grundsätzlich ist er über jedes Elternpaar froh, das sich für das Wechselmodell interessiert: »Kinder brauchen Mütter und Väter. Deshalb müssen sie auch die Sicherheit bekommen, dass sie beide lieben dürfen.« Noch besser: wenn sie mit beiden leben dürfen, auch nach der Trennung. Oft kommen zu ihm Paare, die völlig zerstritten sind. Der wundeste Punkt bei allen: Wie geht es weiter mit den gemeinsamen Kindern? Und wie werden die Ex-Partner weiter als Eltern miteinander auskommen? Sind Vater und Mutter zugunsten des Kindes für ein Familienmodell offen, das mehr Kontakt zulässt als die normale Umgangsregelung, dann ist ein erster Schritt in Richtung Kommunikation getan. Wie immer die sich auch gestalten wird. Und auch verändern wird über die

Jahre. Anfangs verlangt das Wechselmodell von den Eltern bewusste Disziplin, besonders, wenn die Wut aus der Vortrennungsphase noch so groß und ausfüllend ist.

Doch ist es das erklärte gemeinsame Ziel der Eltern, dem Kind nach der Trennung seine Sicherheit wiederzugeben, dann schaffen es die Ex-Partner eher, sich in Gegenwart des Kindes zusammenzureißen, unabhängig davon, wie zerstritten sie sind. Davon ist jedenfalls Thorsten, Simons Vater, überzeugt. Er vermutet, dass Eltern im Wechselmodell einander vor dem Kind seltener schlechtmachen und es nicht zum Partei-Ergreifen zwingen wollen.

Diese Gefahr bestehe eher, wenn ein Vater nach der Trennung nur der Freizeit-Papa sei. »Wenn beispielsweise der Vater eine neue Freundin hat, er die Mutter verlässt und seine Kinder nur am Wochenende sieht«, sagt Thorsten, »dann hat die Mutter Zorn auf den Vater: ›Der hat uns verlassen, nicht nur mich als Frau, sondern uns als Familie!‹« Diesen Zorn bekomme das Kind deutlich mit. Und dann habe es vielleicht ein Problem, der Mama zu sagen, dass es den Papa trotzdem lieb hat. Auch wenn die Mama sagt: »Der Papa war so böse.«

»Streitet euch nicht vor den Kindern!«

Kinder haben einen ausgeprägten Gerechtigkeitssinn. Kinder wünschen sich, dass es ihren Eltern – und damit auch ihnen – gut geht. Sie wünschen sich Frieden, sie wollen nicht schuld sein, wenn Mama oder Papa leiden. Doch sie fühlen sich oft schuldig, wenn sich ihre Eltern in ihrer Gegenwart streiten, besonders dann, wenn sie, die Kinder, Thema der Auseinandersetzung sind.

»Das Schlimmste für Kinder ist, wenn Eltern vor ihnen streiten«, warnt Ralf Stallbaum. »Da kann ich auch mit einem Hammer auf die Finger schlagen! Diese Wirkung hat der Streit der Eltern auf die Seele des Kindes, wenn es dabei ist.« Ralf Stallbaum weiß aus den zahlreichen Gesprächen mit Eltern, die sich frisch getrennt haben, dass Verletztheit und Verletzlichkeit in dieser Zeit besonders groß sind. Und auch die Bereitschaft, einander weiter wehzutun und zu kränken.

Doch davor müssen die Kinder geschützt werden. Sein Rat an frisch getrennte Eltern: Geht euch zunächst aus dem Weg! Kommuniziert per SMS oder per E-Mail! Haltet die Kinder aus euren Streitereien heraus! Für Kinder ist es auch ganz schrecklich, dabei sein zu müssen, wenn die Eltern Trennungsgespräche führen. »Das ist grausam, ganz grausam!«, sagt Stallbaum. Kinder würden sich da am liebsten verkriechen. Was also tun? Für den Trennungsberater ist klar: Für Kinder ist es viel besser, wenn zerstrittene Eltern sich nach der Trennung erst einmal möglichst wenig sehen. Hauptsache, die Kinder merken, dass sich die Eltern austauschen über das Wichtigste. Und das Wichtigste sind sie, die Kinder. Das zu spüren tut gut. Dadurch gewinnen Kinder wieder eine Orientierung. »Meine Eltern treffen Entscheidungen und sagen, wo es langgeht.« Selbst wenn Kinder nicht mit allen Entscheidungen einverstanden sind, fühlen sie sich sicher aufgehoben, weil ihre – getrennten – Eltern sich um sie kümmern. Und sei es eine Zeit lang mithilfe elektronischer Kommunikationssysteme.

Froh: Julian hat keine Streits mitbekommen

»Ich habe keine Streits mitbekommen, vor und nach der Scheidung nicht, die haben das immer gut von mir ferngehalten.« Julian, inzwischen 18, ist auch heute noch froh, dass seine Eltern sich zusammengerissen haben, wenn er dabei war. Die regelmäßige, wöchentliche Übergabe empfand er immer relativ entspannt, auch wenn er spürte, dass seine Eltern sich anstrengten, freundlich miteinander umzugehen. »War immer ein bisschen komisch, klar, habe schon immer ein bisschen geguckt, wie verhalten die sich jetzt, war jetzt keine herzliche Stimmung. Aber man hat gemerkt, dass keiner dem anderen etwas Böses wollte. Jeder hat sich Mühe gegeben, keinen Stress aufkommen zu lassen. Das haben sie gut gemacht«, sagt er heute zufrieden.

Beklemmend: Kinder stehen zwischen den Fronten

Auch Simon, 21, der mit dem Wechselmodell groß geworden ist, erzählt, dass er froh sei, dass seine Eltern miteinander immer fair umgegangen seien. Besonders erleichtert ist er, dass sie ihn nicht in irgendwelche Streitereien mit einbezogen haben. Dass er sich nicht entscheiden, dass er nicht schlichten musste. Selbst ältere Kinder, so Simon, fänden das nämlich furchtbar: »Ich merke das jetzt bei einem guten Freund von mir, da haben sich die Eltern vor zwei Jahren getrennt. Der sitzt immer zwischen den Fronten. Da heißt es immer, der Vater regt sich über die Mutter auf und andersrum. Das findet mein Freund überhaupt nicht gut.« Simon erinnert sich daran, dass er einmal selbst in so eine Situation hineingezogen wurde: »Ich weiß, als wir einmal in Spanien waren, da hat mir meine Vater was von meiner Mutter erzählt. Dass sie da was blöd gemacht hat, irgendwie. Aber da fühlt man sich als Kind ganz schnell unwohl, ich jedenfalls.« Dies sei das einzige Mal gewesen, bescheinigt Simon seinen Eltern: »Ich fand das gut, dass unsere Eltern das unter sich ausgemacht haben, wenn sie Wut aufeinander hatten und nicht vor uns diese Wut aufeinander losgelassen haben.«

Zerstritten: Eltern, die sich bei der Übergabe nicht begegnen wollen

Aber wie kann das Wechselmodell funktionieren, frisch nach einer Trennung, wenn die Wut noch ständig hochkocht? Viele Eltern wollen einander eigentlich erst einmal gar nicht mehr sehen. Aber wenn sie sich nach der Trennung gleichberechtigt um das Kind kümmern, müssen sie stärker als die Regelumgangs-Familie in Kontakt bleiben. Aber auch das geht: Wechselmodell ohne ein persönliches Aufeinandertreffen der Elternteile.

Sabine hat eine extrem schwierige Trennung hinter sich. Sie und ihr Ex-Mann bekamen es anfangs nicht hin, länger als ein paar Minuten im selben Raum zu sein. Ihre beiden Töchter wechselten zwei Mal in der Woche. Die Übergaben waren schrecklich für die Mädchen. Kaum sahen sich die Eltern, gab es Streit. Also versuchte es Sabine anders. Die Töchter sollten fortan am Wechseltag nach der Schule zum anderen Elternteil gehen. Für Schul- und Sportsachen der Mädchen verabredete Sabine mit ihrem Ex-Mann einen neutralen Übergabeort. Dort sollten die Sachen hingebracht oder auch abgeholt werden.

»Umschlagplatz war das Gartenhäuschen. Anfangs die Garage bei ihm«, erzählt sie und lacht bitter.

»Wenn die Mädels zum Beispiel mittwochs und donnerstags Schulsport hatten, dann war immer ich diejenige, die dann die Sachen in das Gartenhaus gebracht hat. Ja. Das war immer offen und dann konnte man die Sachen unterstellen, falls es regnete.«

Sabine fühlt sich nicht wohl bei dieser Erinnerung. Sie sieht sich wie eine Einbrecherin auf das Grundstück schleichen, bepackt mit den Taschen für die Mädchen. Ihr einziger Wunsch: »Hoffentlich sieht er mich nicht.« Der persönlichen Übergabe sind sie und ihr Ex-Mann viele Monate aus dem Weg gegangen. Sie habe es für die Kinder gemacht, sagt sie, damit die den Druck nicht spüren.

»Trennung muss man lernen«, sagt Ralf Stallbaum. Das Auseinanderbrechen des Familienverbundes ist für alle eine völlig neue und hoch emotionale Situation. Das Ende der Paarbeziehung stehe vielleicht für das Aus eines Lebenstraumes, für das Aus schlechthin. »Wir müssen lernen, dass Trennung nicht Tod bedeutet. Dass Trennung eine Veränderung des Familiensystems bedeutet, aber nicht den Tod«, sagt Stallbaum. Behutsam versucht er, in seinen Beratungen den Blick zu öffnen für die Zeit nach dieser gescheiterten Paarbeziehung: »Unsere alten Traditionen sagen: Jetzt passiert was Schlimmes, du kommst in die Hölle. Jetzt ist Ende. Aber nichts ist zu Ende. Es ist meist lebendiger als vorher. Nur eben nicht mit Geigen und schönen Blümchen.«

Und für die erste Zeit nach der Trennung, wenn zwischen den Eltern noch jede Menge Wut und Streit herrschten, sei das Sich-aus-dem-Weg-Gehen bei der Übergabe der Kinder eine gute Lösung. »Da kann ein Gartenhäuschen eine große Wohltat sein.« Allemal besser, als die Kinder dem Stress einer hasserfüllten Begegnung auszusetzen. »Andere Möglichkeiten: Der eine bringt das Kind in den Kindergarten, der andere holt es ab.« Gerade nach frischen Trennungen funktionieren diese Übergabe-Varianten ohne persönlichen Kontakt gut.

Manche Elternpaare führen eine Art »Übergabe-Buch«, eine Kladde, in der sie aufschreiben, was wichtig war in der vergangenen Woche und was in den nächsten Tagen ansteht. Dieses Buch geben sie den Kindern mit. Andere nutzen einen Umgangskalender, den es mittlerweile online im Internet gibt. Diese schriftlichen Übergabe-Infos halten viele Wechselmodell-Eltern über Jahre bei, allein schon, damit sie nichts Wichtiges vergessen. Was den persönlichen

Kontakt angeht: Mit der Zeit, so erzählen viele Elternpaare, regele sich das, werde das Gespräch wieder möglich.

Harmonisch: Mama und Papa bei der Übergabe mit einem Kind auf dem Schoß

Thorsten wollte unbedingt das Wechselmodell. Er wollte auf keinen Fall ein Wochenendpapa sein, der nur für die Freizeit gut ist. Er wollte den Alltag mit seinen Söhnen erleben. Er war bereit, alles dafür zu tun. Er hat nach der Trennung versucht, eine Basis mit seiner Ex-Frau zu finden, auf der sie ihre Elternbeziehung neu ordnen können. Weil er sicher ist, dass er für seine Kinder wichtig ist, genauso wichtig wie die Mutter. Während der wöchentlichen Übergaben hat er sich viel Mühe gegeben, den Kindern den Abschied leichtzumachen. Entweder die Mutter holte die Jungs bei ihm ab oder umgekehrt – auf jeden Fall war es eine zeitaufwendige Aktion. »Jeder von uns hat damals meist einen Sohn auf dem Schoß gehabt.« Dann wurde erzählt, was in der Woche los war. Und auch die Söhne berichteten: »Mama, das haben wir gemacht.« Thorsten erinnert sich: »Das zog sich wirklich hin mit der Übergabe. Das war nicht nur einfach Einladen – weg. Das war wirklich Übergabe mit Austausch.«

Aber so sonnig war es auch nicht von Anfang an. Das erste halbe Jahr ging die Übergabe wortloser und schneller vonstatten. Es hat einige Zeit gebraucht, bis Thorsten und seine Ex-Frau wieder länger miteinander reden konnten, direkt nach der Trennung haben sie das nicht hinbekommen. »Aber ein halbes Jahr später ging das«, sagt Thorsten.

»Aber nicht jede Familie muss es so strahlend schaffen. Für diese Familie ist diese Form der Übergabe wunderbar«, sagt Trennungsberater Ralf Stallbaum. Er warnt vor zu hohen Anforderungen: »Für viele andere Familien wäre das so tödlich.«

Es gebe viele andere Modelle, wie das Wechseln der Kinder geregelt werden könne. »Die strahlen vielleicht nicht so wie das von Thorsten und seiner Familie, aber die sind auch richtig.« Ob persönliche Übergabe oder mit Informationen per Notizheft, SMS oder E-Mail – ein Mindestmaß an Kooperationsbereitschaft müssen Wechselmodell-Eltern mitbringen. Ralf Stallbaum: »Wenn beide Elternteile die Entscheidung treffen: Es ist zwar alles schwierig, aber wir machen einen Umgang über das Regelmodell hinaus – dann ist das gut für die Kinder.«

3. Alltagsstress im Wechselmodell: Vom Organisieren und Vergessen

Auch das ist immer wieder mal Wechselmodell-Alltag: Irgendetwas, vom Kind dringend Gebrauchtes, liegt noch im Kinderzimmer beim anderen Elternteil. Das kann das Klausurheft sein oder auch das Schülerticket für den Bus. Egal was, es gibt Ärger ...

»Warum ist der Judoanzug noch bei Papa?«: Alltagsstress stellt das Wechselmodell nicht in Frage

Dienstagnachmittag, es ist kurz nach halb fünf. Es regnet. Um fünf beginnt Judo in der Sporthalle, die am anderen Ende der Stadt liegt. Heike hat versprochen, Tim zu fahren, durch den Berufsverkehr, die Zeit ist knapp.

»Mach vorwärts, Tim!« Aus dem Kinderzimmer kommen Geräusche, der Kleiderschrank schlägt zu. Tim erscheint: »Mein Judoanzug ist nicht da.« Heike kann es nicht fassen. »Wie, nicht da? Der muss doch irgendwo sein!«

»Weiß ich doch nicht. Keine Ahnung.« Tims Gesicht bekommt diesen Ausdruck von »mir doch egal«. Tim geht gern zum Judo. Aber auf keinen Fall ohne Anzug, und auf keinen Fall zu spät. »Konntest du dich nicht vorher darum kümmern?« Heike ist super genervt. »Wo ist das blöde Teil? Bei Papa?« Tim zuckt mit den Schultern. Kann sein. Kann nicht sein. Also muss Heike da jetzt noch vorbeifahren, letzte Chance für den Sportnachmittag. Es sind nur zwei

Kilometer bis zum Haus des Vaters. Aber genug Zeit, um sich ordentlich aufzuregen. »Mann Mann Mann!«, schimpft Heike im Auto und fährt scharf um die Kurve. »Du bist alt genug, dich um deine Sachen zu kümmern. Jedes Mal dasselbe!« Tim wirft ihr einen Blick zu. »Ich habe mir den Scheiß nicht ausgedacht mit dem Hin- und Herziehen.« Aber er sei jetzt mal wieder schuld. Er sei es leid. Wütend steigt er vor dem Haus des Vaters aus, knallt die Tür, verschwindet im Eingang.

Heike schluckt, versucht, die sofort aufsteigenden Tränen zu verdrängen. Drei Minuten später ist Tim wieder da, mitsamt dem Anzug. Auf der Fahrt zum Judo summt er leise vor sich hin.

Eine typische Wechselmodell-Geschichte, findet Ralf Stallbaum, Trennungsberater bei der Wuppertaler Diakonie. Alles sieht er sofort: das Schuldbewusstsein der Mutter. Ihre inneren Fragen: Ist das Wechselmodell wirklich gut für meinen Sohn? Mute ich ihm zu viel zu? Jede Woche muss der Arme auch noch auf die Judo-Sachen achten?

Hier vermischen sich, so der Trennungsberater, zwei Dinge: das akute Problem (Sportzeug fehlt) und Heikes grundsätzliches Hadern. »Das Hauptproblem ist immer die eigene Unsicherheit«, sagt Stallbaum, »und die ist unabhängig vom Familienmodell.« Tim kritisiere in diesem Fall das Wechselmodell – und handele absolut natürlich: »Ein Kind versucht immer, den Eltern Dinge vorzuwerfen, mit denen es wirklich trifft.« Kinder trainierten so für das Leben. »Das tun sie nicht, indem sie gemütlich in der Sonne sitzen, beobachtet aus den liebevoll glänzenden Augen der Mutter.« Dieses Ideal finde sich nirgends, die fröhliche Margarinen-Familie aus der Werbung existiere auch nur dort, im Fernsehspot.

Die Mutter macht ihrem Sohn Vorwürfe, weil er die Judosachen vergessen hat? »Natürlich legt sich ein Kind dann nicht auf den Rücken und hält den Hals hin. Das wäre auch bedenklich. Natürlich sagt dann ein Kind: Ist doch euer Scheiß-Wechselmodell.« So ein Angriff treffe Heike dann besonders hart, weil sie sich schuldig fühle, ihren Sohn überhaupt in diese Situation gebracht zu haben, die Trennung vom Vater, das Wechselmodell. Eben alles. Aber wie könnte Heike reagieren? Sich selbst gegenüber, und auch gegenüber Tim? Schließlich fehlen die Sachen ja wirklich, es herrschen Stress und Zeitnot. Ralf Stallbaum: »Nun, sie könnte zu Tim sagen: Ja, das ist blöd mit den fehlenden Sachen.« Mit ihm besprechen, wie sich solche Situationen lösen und – noch besser – vermeiden lassen.

Und was den Angriff auf die Lebensform angehe: »Im Wechselmodell ist es wie überall – man fühlt sich bekrittelt und muss gucken: Wo stehe ich?« Vielleicht frage sich Heike später, ob das alles wirklich so dramatisch war mit dem vergessenen Judozeug. Gibt es Ärger um Unerledigtes nicht auch in der Standardfamilie? »Kinder nutzen ihre Welt, um sich zu entwickeln.« Da gehöre Alltagsstreit um Kleinigkeiten einfach dazu. »Dafür brauchen die Kinder uns: damit sie mit uns kämpfen lernen, uns ständig in den Ring zerren.« Kinder benötigten Eltern nicht, damit diese sich toll fühlten. Ralf Stallbaum rät dazu, sich diese grundsätzlichen Aspekte des Zusammenlebens vor Augen zu führen: »Kinder brauchen uns, damit wir uns mit denen anstrengen und uns mit ihnen auseinandersetzen.«

Überhaupt, die Sache mit den Sachen. Die meisten Wechselmodell-Familien halten es so: In jedem Kinderzimmer steht ein Kleiderschrank mit Anziehsachen. Welche darin sind, von wem gekauft, das wiederum wird völlig unterschiedlich geregelt.

»Ich entscheide, wo ich was anziehe!« Von Mama- und Papa-Wäsche

So ist es auch bei Thorsten (45) und seiner Ex-Frau Katharina (45), deren Söhne im Wechselmodell groß wurden. »Wenn die Jungs zu mir kamen, dann hatten sie Mama-Wäsche an«, erzählt Thorsten. Die habe er dann gewaschen und gebügelt und Simon und Felix am Wechsel-Sonntag wieder mitgegeben. Während der Zeit bei ihm zogen die Jungen an, was er in der Wohnung hatte. Nur Jacken und Schuhe wurden in beiden Haushalten gebraucht, »die teuren Sachen eben«. Katharina habe das genauso gehandhabt. »Ansonsten hatten wir Mama-Wäsche und Papa-Wäsche.«

In der Familie von Jonathan (12) und Rina (15) läuft das anders. Rina hat mittlerweile einige Lieblingskleidungsstücke, die nimmt sie immer mit. Ihr ist völlig egal, welches Elternteil die Kleidung gekauft hat: »Wieso? Das ist doch meine. Kann ich doch entscheiden, wo ich die anziehe ...« Wenn die Lieblingsjeans gerade bei der Mutter in der Wäsche steckt, kommt Rina durchaus zwischendurch, um die saubere Hose abzuholen. Manchmal fragt sie schnell über Facebook nach, ob die Jeans schon trocken sei.

Jonathan hält es ähnlich. Manchmal schaut seine Mutter etwas betreten, wenn der schöne neue Kapuzenpulli im kleinen Rollkoffer in Richtung Papa verschwindet, ob das gute Stück nämlich nächste Woche wieder mit Jonathan erscheint, ist durchaus fraglich. Aber seine Mutter hält den Mund, meistens jedenfalls. Manchmal fragt sie dann doch: »Bringst du den Pulli wieder mit?« Jonathan sagt ja, und er täte es wohl auch, wenn er es nicht vergessen würde. Dennoch: Jonathan hat eine erstaunlich gute Übersicht über seinen Kleidungsvorrat. Allerdings macht er sich darum auch nicht allzu viele Gedanken. Hauptsache, die Klamotten sind cool und entsprechen seinem Stil. Denn den entwickelt er zielstrebig, irgendwelche Zopfpullis würde er nicht an sich heranlassen. Die schöne neue Sweatshirt-Jacke allerdings, die nimmt er dahin mit, wo er eben gerade wohnt.

Britta wiederum, die Mutter von Julian, musste sich in einiger Toleranz üben. Wenn der Sohn zurück vom Vater kam, missfiel ihr einiges: »Die Sachen, die er anhatte, waren ihm oft zu klein und total unmodisch.« Hochwasserhosen und Oldie-Look, für Britta schwer auszuhalten, dass ihr Sohn in der Papa-Woche modisch alles andere als up to date war. Julian dagegen, damals noch klein, war sein Aussehen ziemlich egal.

Britta hat sich schließlich mit dem Vater geeinigt: Fortan werde sie sämtliche Kleidung kaufen, auch die, die Julian beim Vater tragen würde. Die Kosten werden geteilt. Der Vater zahlt die Hälfte auf ihr Konto ein. Julian, mittlerweile 18, entwickelte schließlich seinen eigenen Modegeschmack. Seit er 15 Jahre alt ist, kauft er seine Sachen selbst. Und entscheidet sowieso, wo er was trägt.

So ist es eben im Wechselmodell: Es werden viele Sachen hin- und herbefördert. Aber der Trennungsberater sieht es pragmatisch: »Eine Tasche, die hin- und hergetragen wird, ist nicht traumatisierend. Taschen, die hin- und hergetragen werden, haben nichts Schlechtes an sich.« Dieser nüchterne Blickwinkel helfe, die Angst vor dem organisatorischen Aufwand zu nehmen. »Wir gucken oft immer nur auf die Schwierigkeiten und sammeln die Aspekte, die zu diesen Schwierigkeiten passen.«

«Das Kind ist krank. Und ich bin nicht da.» Der Vater kriegt das genauso gut hin

»Bin ich eine gute Mutter, auch wenn mein Kind krank ist und ich mich nicht kümmern kann, weil es beim Vater ist?« Renate (45), eigentlich vom Wechselmodell überzeugt, stößt zwischendurch an alle Grenzen.

Sonntag, Umzugstag. Rina, 15, ist kurz vor dem »Tatort« zu ihrem Vater gegangen, 300 Meter Fußweg. Renate atmet auf, die beiden Wochen mit einer pubertierenden Tochter waren anstrengend. Sie schließt die Tür zum hinterlassenen Mädchenzimmer-Chaos.

Jetzt Krimi-Gucken, ein Glas Wein, danach ein Buch, schlafengehen. Doch gegen 23 Uhr klingelt das Telefon, eine weinende Rina verlangt, sie möge sofort vom Vater weggeholt werden. Sie wolle zur Mama. Kopfschmerz und Bauchweh plage sie, sie wolle dorthin, wo man sich um sie kümmere. Renate versucht zu trösten, zu beruhigen. Der Vater wird wach, kommt ans Telefon. »Was soll das?«, fragt er genervt Renate und schimpft: Rina sei überdreht, erledige nichts, sitze bis spätabends am Computer und sei morgens unausgeschlafen. Renate sammelt ihre Gedanken: Das alles helfe jetzt nichts, das Kind fühle sich offensichtlich nicht wohl, sie bittet den Vater, für Rina Tee zu kochen. Über alles andere müsse man ein anderes Mal sprechen.

Der Vater legt auf. Die Nacht wird noch mehrere SMS bringen und einige Telefonate mit der schluchzenden Rina, die weiter über die »schlimmsten Kopfschmerzen ihres Lebens« klagt. Die Mutter liegt schlaflos da und grübelt: Verrät sie ihr Kind, weil sie es nicht vom Vater abholt?

Morgens ruft die Mutter früh beim Vater an. Rina geht ans Telefon. Ihr gehe es sehr viel besser, der Tonfall ist entspannt: »Ich hab' noch eine halbe Stunde dem Papa vorgeheult, dass ich zu dir will. Kannst du dir was drauf einbilden.« Nach der Schule wolle sie heute mit Freundinnen in die Stadt. Vielleicht finde sie heute endlich die Jacke, die sie so dringend brauche.

Renate erlebt – wenn auch in anderer Situation – einen ähnlichen Konflikt wie Heike mit Tims Judo-Sachen. Ein Ereignis, das Unwohlsein der Tochter, lässt Renate sofort das Wechselmodell hinterfragen. Nun sind nächtliche Ausnahmesituationen besonders anstrengend, alle Beteiligten besonders sensibel und empfindlich.

Rina hat herausgefordert, dass sich in dieser Nacht beide Eltern um sie kümmern. Und Renate hat im Rahmen ihrer Möglichkeiten gelassen reagiert: Rina bedauert und zugesprochen, aber nicht den Vater kritisiert und ihre Tochter abgeholt. Genauso, wie sie Rina auch nicht abgeholt hätte, wenn sie auf einer Klassenfahrt plötzlich erkrankt wäre.

Renate hat sich nachträglich bewusst gemacht: Sie traut dem Vater zu, dass er auf eine ernsthafte Erkrankung seiner Tochter reagiert hätte. So, wie es die Eltern abgesprochen haben bei ihren regelmäßigen Treffen alle paar Wochen abends in einem Café. Die Verabredung für Ernstfälle hat Renate in dieser Nacht geholfen. Der pragmatische Blick auf die Dinge, den ja auch Trennungsberater Ralf Stallbaum in seinen Coachings immer wieder einüben lässt: »Wenn man sich diese Mechanismen bewusst macht und von vorneherein Hilfestellungen entwickelt, dann wird aus dem nächtlichen Gewitter-Gespenst vor dem Fenster am nächsten Tag wieder einfach nur ein Baum …«

»Bei Papa dürfen wir einen Film sehen; bei Mama dürfen wir länger aufbleiben.« Unterschiedliche Erziehungsstile. Wie geht das?

Im Regelumgangsmodell muss es zumeist die Mutter richten: Sie ist für die Erziehung zuständig, für die Alltagsorganisation. Der Wochenend-Vater muss sich mit derlei weniger plagen, an knapp zwei Tagen kann er sich darauf konzentrieren, schöne Stunden mit seinem Kind zu erleben. Da dürfen dann auch mal fünfe gerade sein.

Doch je mehr das Wechselmodell gelebt wird, also je mehr Zeit beide Eltern mit ihren Kindern verbringen, desto mehr Einfluss haben sie, desto mehr erziehen sie beide. Wie ist das, wenn zwei Erziehungsstile aufeinanderprallen? Wenn Vater und Mutter im Detail einiges unterschiedlich regeln, wie kommen alle Beteiligten damit klar?

Die Zwillinge Marie und Jennifer, sieben Jahre alt, und ihr Bruder Hannes, neun Jahre alt, leben seit vier Jahren im Wechselmodell. Wie es vorher war, als ihre Eltern noch zusammenlebten, daran können sich die Geschwister nicht mehr erinnern. Die drei wechseln alle paar Tage, einen ganz festen Rhythmus gibt es zurzeit nicht, und die Kinder wissen auch, warum: »Weil die Mama Krankenschwester ist, kriegt sie immer so einen Plan und da steht drauf, wann sie arbeiten muss. Der Papa ist selbstständig, da ist das nicht so ein Problem.«

Die Mama wohne am Stadtrand, der Papa in der Innenstadt, erzählen die Kinder. Unterschiedlich sei auch, was sie mit ihren Eltern erlebten: »Mit dem Papa gehen wir oft raus, Fahrrad fahren und Schlittschuh laufen und Roller fahren.« Mit der Mama seien sie öfter zu Hause: »Da haben wir zwei Babykatzen, die heißen Tom und Jerry.«

Gibt es Unterschiede, was sie bei ihrem Vater dürfen und was bei ihrer Mutter? Die Geschwister müssen nicht lange überlegen: »Beim Papa gibt es festgelegte Zeiten, wann wir ins Bett müssen. Also um sieben oder acht gehen wir ins Bett und schauen dann noch eine Stunde Film.« Bei der Mama gehe man später schlafen, aber ohne Film. »Und beim Papa essen wir anders!«, ruft Marie, »bei ihm gibt es Frühstück, Mittagessen und Abendessen.« Bei der Mama esse man manchmal erst später zu Mittag, »um halb vier«. Was besser sei? Da legen sich die Kinder nicht fest: »Es schmeckt bei beiden sehr gut. Kommt aber immer drauf an, was es gibt.«

Jörn: »Die Kinder brauchen jeden Tag feste Regeln.«

Jörn, der Vater der drei, findet, dass es deutlichere Unterschiede gibt im Alltag bei Mama und Papa. Mit seinen Regeln ist er ganz zufrieden: »Es ist mir gelungen, dass die Kinder um sieben Uhr am Frühstückstisch sitzen und fast eine halbe Stunde Zeit haben zum Frühstücken.« Seine Aufgabe sei es ja, die Kinder fitzumachen, ihnen beizubringen, sich zu organisieren. »Ich habe den Mädchen gesagt: Wenn man in den Spiegel schaut, kann man sich dabei auch schon die Haare kämmen.« Das klappe jetzt schon ganz gut, da sei er stolz drauf.

Jörn findet, dass seine Ex-Frau oft nicht genug auf Regeln achte. Mit Konsequenzen: »Alle drei Kinder sagen, die Mama ist weicher. Da dürfen wir mehr, da sind wir lauter und frecher.« Hannes versuche, bei der Mutter mehr die Mann-Rolle zu übernehmen: »Dann will er seine Schwestern kontrollieren, das klappt natürlich gar nicht und endet immer im Streit.«

Verena: »Vieles ist beim Ex-Mann anders. Na und?«

Doch auch Verena, der Mutter von Marie, Jennifer und Hannes, gefällt längst nicht alles, was im Haushalt des Ex-Mannes passiert. Das Abendritual dort ist ihr ein Dorn im Auge: »Das Zu-Bett-Gehen mit Filmgucken, das ewige Fernsehen, das finde ich schrecklich. Bei mir wird vorgelesen oder eine CD gehört. Aber Filme sind eben das Hobby meines Ex-Mannes.«

Verena hat früher versucht, Einfluss darauf zu nehmen, wie der Vater verschiedene Dinge handhabe. Allerdings erfolglos: »Dann haben wir wütend hin- und hergeschrieben per E-Mail. Aber das machen wir jetzt nicht mehr, jetzt versuchen wir, das in Ruhe hinzukriegen, ohne Streitigkeiten, in Harmonie.« Es habe sich tatsächlich etwas geändert über die Jahre: »Die Kinder sagen, Mama, wir haben beim Papa nicht mehr so viel ferngesehen.«

Am Anfang, kurz nach der Trennung, seien ihr oft Zweifel gekommen, ob der Mann das schaffe mit den Kindern: »Wenn ich mir da vorgestellt habe, wann sie ins Bett gehen, was sie essen, ob sie duschen vor dem Schlafen – aber jetzt habe ich einfach die Augen zugemacht und denke mir: Die Kinder sind gesund, das ist die Hauptsache, ob sie geduscht sind, heute oder morgen, das ist mir Wurscht.« Geholfen haben ihr dabei auch Gespräche mit anderen Müttern: »Die haben mir erzählt, ihre Kinder würden nur einmal in der Woche duschen. Da habe ich mir gedacht, dann muss ich mich auch nicht verrückt machen, wenn meine Kinder bei ihrem Vater nicht jeden Abend duschen gehen, wie das bei mir gesetzt ist.«

Sie habe gelernt, gelassener zu werden und ihrem Ex-Mann mehr zu vertrauen. »Ich höre ja, was die Kinder erzählen, sie machen beim Papa Hausaufgaben, lesen oder malen. Das ist für mich schon sehr beruhigend.«

Anderes dagegen nehme sie nicht mehr so ernst: »Bei meinem Ex-Mann stehen mehr so fettige Sachen auf dem Tisch, aber ich denke mir, o.k., dann gibt es eben bei mir mehr Gemüse.« Natürlich habe jedes Elternteil sowieso seine Meinung und finde oft falsch, was das andere mache. »Aber ich habe es akzeptiert, wie es ist. Es ist auch sinnlos zu kämpfen.« Verena sieht mittlerweile mehr das Gute, was die Kinder aus ihrer Sicht beim Ex-Mann erleben: »Er unternimmt viel mit den Kindern, das finde ich sehr toll von ihm. Er engagiert sich.« Ob die Kinder nun mittags Brot statt Suppe äßen, »davon geht die Welt nicht unter«.

Gelassenheit hilft weiter

Trennungsberater Ralf Stallbaum weiß um diesen Prozess des Gelassenerwerdens, den vor allem die Mütter durchmachen müssen. »Am Anfang ist die Ent-Ängstigung wichtig.« Er höre oft, dass Mütter, die anfangs das Wechselmodell total ablehnten, schließlich sagten: »Der Typ ist schrecklich, aber die Kinder lieben ihn. Und irgendwie geht er auch gut mit ihnen um.« Wenn diese Erkenntnis sich durchsetze, seien auch unterschiedliche Erziehungsstile nicht mehr ständig Anlass zum Ärgern oder Sorgenmachen.

Die Kinder, da ist Stallbaum überzeugt, kommen mit unterschiedlichen Regelungen bei ihren Elternteilen gut zurecht. »Die entwickeln da ganz eigene Fähigkeiten, weil sie die Möglichkeit haben, sich bei Mutter und Vater zu entwickeln«, sagt er. So würden die Kinder auf positive Weise gefordert. »Wenn es einigermaßen läuft, dann sind Kinder aus Trennungsfamilien mit Wechselmodell ihren Alltagsgenossen aus Standardfamilien sogar überlegen, weil sie mehrere Wachstumsmodelle gelernt haben.« Diese Kinder seien entscheidungsfreudiger. Und: »Die können Situationen besser für sich nutzen.«

Besteht nicht die Gefahr, kleine Egoisten heranzuziehen, die ihre Eltern gegeneinander ausspielen? Grundsätzlich seien Kinder immer bereit, ihre Vorteile zu sehen, lacht der Trennungsberater. Auch in der Standardfamilie probiere ein Kind gegenüber dem Vater die »Mama-hat-aber-gesagt«-Variante, um etwas Verbotenes durchzusetzen. Meist fliege das auf. In der Trennungsfamilie habe das Kind damit oft mehr Erfolg, »weil die Getrenntlebenden im Regelumgangsmodell oft nicht miteinander reden«. Im Wechselmodell wiederum sei der Austausch der Eltern generell größer, da werde dann eher nachgefragt, welcher Elternteil welche Fernsehsendung erlaube. Vielleicht komme die Antwort nicht so schnell – da böten getrennt lebende Eltern eine »Art Schlaraffenland, wo die Kinder überlegen, an welchem Häuschen sie knabbern«. Grundsätzlich sei es gut, wenn Kinder merkten: Unsere Eltern tauschen sich aus. Wir sind Thema.

Und wenn ein Elternteil mehr erlaube als der andere? Stallbaum mag das als Problem nicht so hoch hängen. Eltern-Kind-Konflikte entwickelten sich nicht so simpel, dass ein Elternteil immer verliere und der andere immer gewinne: »Im Vergleich zum Regelmodell verändert sich im Wechselmodell die Qualität des Umgangs. Weil mich der Vater morgens auch wecken muss, weil ich mit dem auch Streit kriege und den normalen Alltagsirrsinn erlebe. Wir muten den Kindern in diesem Modell normales Leben zu.«

Klassenfahrt ja oder nein?
Kein subtiler Druck aufs Kind!

Weil Kinder ihre Eltern lieben, neigen sie dazu, es ihnen recht machen zu wollen. Und manchmal geraten sie in Gefahr, sich dabei selbst zu verlieren. Das hat Jörn kürzlich gemerkt. Folgendes war passiert:

Hannes kommt im nächsten Jahr auf die weiterführende

Schule. Deshalb ist seinem Vater das Halbjahreszeugnis sehr wichtig – es muss im Bundesland Bayern bei der Anmeldung vorgelegt werden. Just in den letzten Monat vor diesem Zeugnis legte die Grundschule zu Jörns Unmut eine Klassenfahrt. »Ich habe diese Fahrt miesgemacht, weil ich Sorge hatte, dass die Noten darunter leiden.« Die Folge: Hannes mochte nicht mehr mitfahren auf diese Fahrt. Dem Vater tat das schon wieder leid, er verlagerte das Problem zur Mutter: »Ich habe Hannes gesagt, sprich mit der Mama drüber.« Zwei Tage später habe Verena ihn angerufen und sich beschwert, dass er dem Kind die Klassenfahrt ausgeredet habe. Das habe Hannes so erzählt und gegenüber der Mutter durchblicken lassen, wie gern er bei der Fahrt dabei wäre. »Da habe ich gemerkt, es gibt ein Problem. Hannes hat Angst, gegen meine Meinung anzutreten.« Der Sohn fürchte, ihn, den Vater, zu verletzen.

Jörn suchte das Gespräch mit Hannes: »Ich habe ihm erklärt, wie wichtig es ist, dass er seine Meinung vertritt.« Dass er als Vater den Sohn keinen Deut weniger liebe, wenn der zu seinem Wunsch stehe. »Da sind Hannes die Tränen gekommen.«

Für Ralf Stallbaum eine ganz natürliche, gesunde Reaktion: »Weil dem Jungen eine Last von den Schultern genommen wurde.« Kinder wollen Frieden und keine Schuld spüren, wenn ein Elternteil sich schlecht fühlt. Sie wollen auch nicht zwischen den Eltern vermitteln müssen. Man müsse die Kinder stärken, genau, wie Jörn es mit seinem Sohn getan habe.

4. Die schwierigen Feste: Weihnachten, Konfirmation oder Geburtstage

Weihnachten, Konfirmation, Geburtstag – Höhepunkte im Kinderleben. Seltener allerdings Ereignisse, denen getrennt lebende Eltern mit Freuden entgegensehen. Familienfeste lösen bei ihnen gemischte Gefühle aus.

Zu Recht. Die wenigsten Feste funktionieren nach einer Trennung harmonisch und wonnig. Obwohl gerade frisch getrennt lebende Eltern es meist besonders gut und harmonisch machen wollen – für ihre Kinder. Väter und Mütter, die mit ihren Söhnen und Töchtern das Wechselmodell leben, blättern zu Jahresbeginn aufgeregt im Kalender: Bei wem ist das Kind an seinem Geburtstag, bei wem zu Weihnachten? Vielleicht wird erleichtert aufgeatmet: Wie schön, Geburtstag wird bei mir gefeiert. Vielleicht traurig geseufzt: Oje, Heiligabend ist mein Kind beim anderen …

Eine richtig gute Lösung zu finden ist schwierig. Besonders am Anfang, kurz nach der Trennung gilt für die meisten: Augen zu und durch. Auch das geht vorüber! Egal, wie man es am Anfang versucht: Es bleibt verkrampft. Manche Eltern reißen sich für den einen Abend zusammen. Den Kindern zuliebe sitzen sie Heiligabend scheinbar einmütig unter dem Tannenbaum. In Wahrheit quälen sie sich, nichts ist echt. An solche Feste erinnert sich niemand gerne zurück. Weder die Kinder noch die Eltern.

»Weihnachten? Ganz grausam!«, stöhnen viele und wollen schnell das Thema wechseln und die Gefühle, die dabei wieder hochkommen, verscheuchen, auch Jahrzehnte später noch.

Viele getrennt lebende Eltern, auch die im Wechselmodell, entwickeln eine simple Alternative zum verkrampften Tannenbaum-Miteinander: Die Kinder sind Heiligabend mal bei der Mutter, im nächsten Jahr beim Vater. Zumindest die Eltern hoffen, mit dieser Lösung besser über die Feiertage zu kommen.

Ein Jahr Heiligabend bei Papa, ein Jahr Heiligabend bei Mama

So hat es auch Yvonne versucht. Im ersten Jahr war es ganz leicht, denn da war Niklas Heiligabend bei ihr. Im darauffolgenden Jahr war der Vater dran. Niklas war damals acht Jahre alt. Yvonne fand es ganz schlimm, ihr Kind an diesem Tag abgeben zu müssen. Sie wird nicht vergessen, wie das war damals, als alles verschneit und der Himmel blau war.

Bilderbuchweihnachtswetter. Heiligabend am Nachmittag, und sie ging mit Niklas zu Fuß die Straße hinunter zu seinem Vater.

Sie trug eine große Tasche, in der die Geschenke für seinen Papa waren, für Oma Inge und Opa Klaus. Alle selbst gebastelt. Die Fensterbilder für Oma und Opa, der Kerzenständer aus Ton für Papa. Bisschen schief, das hatte schon wütende Tränen gegeben, Yvonne hatte trösten, ihm sagen müssen, der sei wunderschön, der Kerzenständer, und richtige Kunst.

Niklas trug seinen Teddy im Arm. Der trug sein frisch gewaschenes Käpt'n-Blaubär-T-Shirt. War ja Weihnachten.

Yvonne erinnert sich noch deutlich an Frau Runkel. Frau Runkel, die Nachbarin, die vor ihrem Haus den Schnee vom Gehweg fegte. Die innehielt, als sie vorbeikamen,

Platz machte, sich auf ihren Schieber stützte und »Schöne Weihnachten!« rief. »Freust du dich aufs Christkind?«, hatte sie fröhlich gefragt. Niklas sagte gar nichts, guckte nur und trat ein bisschen in den Schneehaufen. Yvonne fühlte sich unwohl. Wollte weiter. Aber Frau Runkel war in Schwätzlaune: »Unsere Kinder sind ja schon groß, aber zu Weihnachten sind sie alle da.« Sie lachte. »Schön! Aber am allerschönsten ist doch Weihnachten, wenn die Kinder klein sind, wie der Niklas, die strahlenden Augen!«

»Schnell weiter«, hatte Yvonne gedacht, und »wenn die wüsste.« Schnell weiter, und sie erinnert sich, wie sie Niklas fast schon grob an der Hand gezogen hatte.

Am Vormittag noch hatte Niklas mit Alex, Yvonnes neuem Mann, den Baum geschmückt; Weihnachtslieder hatten sie lauthals geschmettert, Schneeflöckchen, Weißröckchen, waann kommst du geschneit … Dann durfte der Fernseher an sein. Sie guckten einen Märchenfilm.

Am Abend würden Niklas' Tanten kommen. Lustige Tanten, fand Niklas. Bestimmt wäre er gern dabei, dachte Yvonne. Aber diesmal war ja Papa Heiligabend dran. Obwohl der keinen Baum hatte, obwohl der Weihnachten blöd fand. Obwohl der mit Niklas zu seinen Eltern fahren würde.

Dann waren sie angekommen. Ein paar Meter vor dem Haus ihres Ex-Mannes kniete sich Yvonne vor Niklas in den Schnee, sagte, dass er ein supertolles Weihnachtsfest haben würde mit Papa und Oma und Opa. Sagte Tschüss, sagte, dass sie sich sehr freue, wenn er morgen wiederkäme, dass sie ziemlich sicher wüsste, dass der Weihnachtsmann heute Nacht was abgeben würde für ihn.

Sie ging mit Niklas die fiese, schmutzig verschneite Betontreppe zu Papas Haus hoch; Papa öffnete die Tür, lachte ihr Kind an, umarmte es überschwänglich, zog es in den düsteren Flur, ein kurzer Blick traf Yvonne. Tschüss. Die Tür fiel zu.

Das war der erste Heilige Abend ohne Niklas.

»Ich war froh, dass ich nichts entscheiden musste.« Niklas feiert gerne mit seiner Mutter und gerne mit seinem Vater

Yvonne weiß nicht, wie Niklas sich damals gefühlt hat. Sie hatte ihn nicht gefragt, weil sie ihn nicht belasten wollte. Schon gar nicht wollte sie ihm die Entscheidung zumuten, wo er denn Weihnachten feiern wolle. Aber Yvonne glaubte, oder vielleicht wünschte sie sich das auch nur, dass es Niklas bei seinem Vater Heiligabend auf keinen Fall so gut haben könnte wie bei ihr. Niklas tat ihr leid. Und sie sich selbst auch.

Niklas ist heute zwanzig Jahre alt. Und auch im Rückblick findet er, dass es für seine Mutter keinen Anlass gab, ihn wegen Weihnachten zu bedauern. Er fand nämlich beide Varianten gut. »Es war gut, wenn ich bei meinem Vater war, und es war gut, wenn ich bei meiner Mutter Weihnachten feierte«, sagt er nachdenklich. Und er fügt hinzu, vielleicht weil ihm das irgendwie nicht glaubwürdig genug vorkommt, »das kann sich ein Elternteil natürlich nur schwer vorstellen, dass man dazu keine Meinung hatte. Aber ich habe immer gesagt: Macht das unter euch aus, ich kann mit allen Entscheidungen gut leben.« Seine Eltern haben das dann auch gemacht. Sie haben sich auf eine Lösung geeinigt.

»Ich bin nie gefragt worden«, sagt Niklas, » bist du Weihnachten lieber bei Mama oder bei Papa?« Und er sei sehr froh gewesen, »dass ich die Entscheidung nie treffen musste«.

Schon als kleiner Junge hat Niklas seinen Eltern deutlich zu verstehen gegeben: Bringt mich nicht in die Situation, dass ich mich entscheiden muss! Für ihn wäre es ein Horror gewesen, sich aussuchen zu müssen, bei wem er Heiligabend verbringen wollte.

Getrennte Eltern sollten ihre Kinder nicht in so eine quälende Situation drängen, sagt die Kölner Psychologin Katharina Grünewald. »Für Kinder ist es am schlimmsten, wenn sie in diese Zwickmühle geraten.« Denn Trennungskinder haben eben besonders sensible Antennen, auch für die Gefühle ihrer Eltern. »Meine Mama ist traurig.« Das hat Niklas sowieso gespürt: »Für meine Mutter war Weihnachten immer wichtiger, also wenn sie mich da abgeben musste, das habe ich gemerkt. Da hatte ich dann Mitleid mit meiner Mutter, auf jeden Fall.« Aber wenn man ihn jetzt noch gefragt hätte: Lieber Weihnachten bei Mama oder Papa, hätte er sich dann nicht für seine Mutter entscheiden müssen, damit es ihr besser geht? Was wäre dann aus seiner Loyalität zum Vater geworden? Eine solche Belastung durch vermeintliche Entscheidungsfreiheit sollten Eltern ihren Kindern unbedingt ersparen, findet die Psychologin.

»Justiz-Gerechtigkeit« gibt es in keiner Familie. Warum nicht Heiligabend immer bei der Mutter?

Katharina Grünewald schlägt einen anderen Weg vor, wenn ein Elternteil etwa an Weihnachten besonders leidet, weil das Kind nicht da ist. »Die Eltern könnten sich fragen: Wem von uns ist Weihnachten besonders wichtig?« Vielleicht verbinde Niklas' Vater mit Weihnachten nicht ein so großes Sehnsuchtsgefühl wie die Mutter. Die Psychologin: »Vielleicht schafft es der Vater, sich aus dem Prinzip der Gerechtigkeit zu lösen und etwas anderes zuzulassen.«

Statt Heiligabend einmal mit Mama, einmal mit Papa also nur noch mit Mama? »Warum nicht?«, fragt Katharina Grünewald. Vielleicht nicht frisch nach der Trennung. Aber in den weiteren Jahren könne ein Ex-Paar sehr wohl zu der Erkenntnis kommen, dass sich nicht alles über abzählbare Gerechtigkeit lösen lassen müsse. »Justiz-Gerechtigkeit gibt es in einer Familie sowieso nicht.«

Yvonne und ihr Ex-Mann haben sich schließlich aus diesem »Prinzip der Gerechtigkeit« lösen können. Vom übernächsten Jahr an erlaubte der Vater, dass Niklas Heiligabend immer mit seiner Mutter feiern durfte. Trotz etlicher Streits mit seiner Ex-Frau und heftiger Auseinandersetzungen über zahlreiche andere Dinge konnte der Vater im Punkt Heiligabend großzügig sein.

Yvonne und ihm gelang es, unabhängig von der gescheiterten Paarbeziehung zu agieren. Und zwar auf einer funktionierenden Elternbasis, die gerade im Wechselmodell besonders wichtig ist. In diesem Fall funktioniert diese Basis nicht nur zugunsten von Niklas – der feierte ja auch mit seinem Vater gerne Weihnachten –, sondern zugunsten von Yvonne. »Die Eltern haben ausgehandelt, wie das Weihnachtsfest für alle drei schöner sein könnte«, lobt die Psychologin. Jeder habe sich gefragt: Was bedeutet mir Heiligabend? Wie wichtig ist es mir, dieses Fest gemeinsam mit meinem Kind zu verbringen?

Der Ex-Mann habe dabei ehrlich festgestellt, dass ihm Heiligabend weniger wichtig ist als Yvonne. Ihm war dagegen wichtig, dass er zusammen mit Niklas am ersten Weihnachtstag zu seiner Familie fahren konnte, um dort mit seinen Geschwistern und deren Kindern Weihnachten zu feiern. Damit wiederum war Yvonne sofort einverstanden. Und Niklas war diese Regelung auch recht. Der Zwanzigjährige erinnert sich: »Heiligabend war ich schließlich immer bei meiner Mutter und Silvester immer bei meinem Vater. Das war gut so.«

Kompromisse aushandeln —
damit alle zufrieden sind

Katharina Grünewald hält die von beiden anerkannte Elternbasis für wesentlich im Wechselmodell, denn sie ermöglicht es dem Elternpaar, Kompromisse auszuhandeln. Die Interpretation der Psychologin: Wenn die Elternbasis da sei, dann dürfe man davon ausgehen, dass beide Ex-Partner Interesse am beiderseitigen Wohlergehen haben. »Weil man für das Kind will, dass es einen glücklichen Vater und eine glückliche Mutter hat.« Und dafür könne man als Ex-Partner Mitverantwortung zeigen, wenn es um Entscheidungen gehe: »Indem ich frage: Was bedeutet das für mich, was bedeutet das für den anderen?«

So weit wie Niklas' Eltern muss man erst einmal kommen. Gerade anfangs, nach einer frischen Trennung, gelingt ein reflektierter Umgang mit diesen emotional hoch beladenen Feiertagen nicht. Gemeinsam Heiligabend feiern, für die Kinder! Etliche getrennte Väter und Mütter haben das in bester Absicht für die Kinder versucht. Aber sich selbst dabei aus den Augen verloren.

«Weihnachten? Fand ich schlimm!»
Jede Menge unterdrückte Wut unterm Baum

Auch Sabine, 42, wollte ihren beiden Töchtern eine heile Familie bieten. Seit der Trennung leben die Kinder sowohl beim Vater als auch bei ihr. Obwohl Sabine und ihr Ex-Mann noch jede Menge alte Wut aufeinander spürten, entschieden sie sich, den ersten Heiligabend nach der Trennung gemeinsam zu feiern. Wenigstens Heiligabend. »Das muss doch möglich sein!«, dachte sich Sabine, »den einen Abend werde ich schon durchhalten.« Doch es funktionierte nicht.

»Dieses Weihnachten«, sagt sie, »fand ich schlimm, wobei ich glaube, das fand ich eher für mich schlimm als für die Kinder.« Gefeiert wurde bei ihrem Ex-Mann. Zuerst ging es gemeinsam in die Kirche. Sehr ungewöhnlich, »denn mein Ex hat mit Kirche überhaupt nichts am Hut. Aber auf einmal meinte er, Heiligabend in die Kirche gehen zu müssen, Weihnachtslieder singen zu müssen mit den Kindern.«

Nach dem Fußmarsch nach Hause ging das Grauen für Sabine weiter. »Die Kinder wussten ja, gleich gibt es Geschenke. Aber mich behandelte mein Ex wie ungebetenen Besuch. Wie Luft.« Der Ex-Partner habe nur mit den Kindern gelacht und gescherzt, »nur um mir zu zeigen, wie gut er alles im Griff hat.«

Und wie ungebetener Besuch fühlte Sabine sich auch, obwohl sie in diesem Haus, zwischen diesen Möbeln, jahrelang gelebt hatte. »Ich fühlte mich total unsicher. Unlocker.« Die Kinder, glaubt Sabine, haben davon nichts mitbekommen. Vielleicht sei das gemeinsame Essen doch nicht so harmonisch gewesen. Aber für die Töchter galt: »Hauptsache Geschenke.« Sabine lacht traurig.

»Gemeinsame Weihnachtsfeste – die Hölle!« Dann lasst es sein!

Trennungsberater Ralf Stallbaum stöhnt. In den Gesprächen mit getrennten Familien hat er hauptsächlich eine Erfahrung gemacht: Ein gemeinsames Weihnachtsfest geht in aller Regel schief. »Weihnachten haben wir so eine Idee von Familienfrieden im Kopf«, sagt Stallbaum. Aber schon in der Regelfamilie sei das die stressigste Zeit überhaupt. »Und dann setzen wir uns gerade in der Trennungsfamilie gemeinsam hin und leiden.« Besonders für die Kinder ist das kein schönes Fest. »Das Kind möchte Harmonie«, sagt Stallbaum. »Aber dann geht man hin und präsentiert ihm Leid, kein schönes Geschenk.« Stallbaum glaubt, dass weniger Druck für das Kind entsteht, wenn das Wechselmodell auch Weihnachten fortgesetzt wird. »Ich habe noch nie ein Kind erlebt, das nicht gerne zweimal gerne Weihnachten oder Geburtstag feiert, dafür aber im Frieden. Ich habe noch nie ein Kind erlebt, das nicht zweimal gerne im Mittelpunkt steht und zweimal absahnt.« Er lacht. »Für ein Kind«, fügt er hinzu, »für ein Kind geht es immer um Beziehungen. Und um Wert.«

Wert dadurch, dass sich die Eltern um es kümmerten. Auch Weihnachten gerne abwechselnd.

Manchmal geht es doch: Alle feiern zusammen – nur die Orte wechseln

Dass es geht mit den gemeinsamen Festen, erzählt Thorsten. Seine Ex-Frau und sich sieht er heute als Elternpaar. Nicht mehr, aber auch nicht weniger. Sie haben ein gemeinsames Ziel: Den beiden Söhnen soll es gut gehen. Auch wenn ihre Eltern in getrennten Wohnungen leben, auch wenn ihre Eltern kein Liebespaar mehr sind. Auch wenn die Kinder mal bei dem einen, mal bei dem anderen leben.

Zu den Festen treffen sich alle zu einem Familienkaffeetrinken: Seine Ex-Frau, beide Großmütter, die Geschwister von ihr und von ihm, die auch die Paten der Kinder sind, und natürlich die Jungen. »Und wenn ein Geburtstag bei mir ist«, erzählt Thorsten, »dann lade ich die Familie meiner Ex-Frau ein und umgekehrt. Das war von Anfang an so.«

Es geht also anscheinend doch? Aber was ist, wenn nicht? Muss jede getrennte Familie das Ziel verfolgen, eines Tages in Freundschaft und Harmonie am Tisch zu sitzen? »Ja«, sagt Ralf Stallbaum, »und nein«, natürlich nicht. Schön wär es, aber »nicht jede Familie ist gleich. Jede Familie gibt es nur einmal, und für den Thorsten ist das wunderbar. Und für seine Kinder auch.« Doch der Trennungsberater rät: Nehmt den Druck von euch! Es gibt nicht eine perfekte Feier-Variante, die für alle Familien passt.

Lorenz mag großes Patchwork-Weihnachten

Christian und Daniela haben nach der Trennung mehrere Varianten ausprobiert, Weihnachten zu feiern. »Im ersten Jahr«, erinnert sich Christian, »haben wir versucht, für Lorenz zusammen zu feiern, da hatten wir beide keine neuen Partner, aber das war wirklich ein Scheiß-Weihnachten. Dann haben wir es lange Jahre nicht gemacht, da haben wir immer abwechselnd mit Lorenz gefeiert.«

Seit drei Jahren schließlich feiern sie wieder zusammen, sogar ihre neuen Partner sind dabei. Das klappt richtig gut.

»Das ist immer sehr lustig«, erzählt Christian, »Lorenz mit seinen vier Eltern – also da ist meine Freundin dabei und der Freund meiner Ex-Frau auch. Das klappt, alle vier und Lorenz unterm Weihnachtsbaum. Die neuen Partner machen das gerne mit, meine Freundin auf jeden Fall, und der Freund meiner Ex-Frau, glaube ich, auch.« Christian schränkt ein bisschen ein: »Also, ich weiß nicht, ob das das ist, was sich die neuen Partner immer vorgestellt haben, aber es ist eine entspannte Atmosphäre, das auf jeden Fall.«

Auch Lorenz, elf Jahre alt, scheint es zu genießen, dass bei wichtigen Festen alle da sind. »Weihnachten, finde ich, kann man schon zusammen feiern. Und meinen Geburtstag auch, das wäre übertrieben, wenn das nicht wäre.« Lorenz ist kein Freund von zu viel Doppel-Feiern: »Einmal musste ich in einem Jahr Weihnachten bei meinen Großeltern feiern, dann bei meiner Mama und dann bei meinem Papa – also alles in einem Jahr, das war ein bisschen heftig.« Die neue Situation gefällt ihm deutlich besser: »Das ist schön so, wenn die neuen Partner dabei sind. Die nenne ich beim Vornamen. Da ist überhaupt kein Stress.«

Nach der Trennung beginnt ein neues Familienleben

»Trennung muss man lernen«, hier trifft der Satz von Trennungsberater Ralf Stallbaum wieder zu. Familien brauchen nach der Trennung erst einmal Zeit, sich in ihrem neuen Leben zurechtzufinden. Manche Eltern schafften es schneller als andere, alte Verletzungen aus der Paarbeziehung von der Elternbasis zu trennen und zu überwinden. Trennungsfamilien müssen mit sich selbst geduldig sein: Alle Mitglieder brauchen eine Weile, das alte Familienleben hinter sich zu lassen und einen neuen Umgang miteinander zu finden. »Wenn eine Trennungsfamilie den ersten Schmerz hinter sich hat«, sagt Ralf Stallbaum, »dann kann es gelingen, dass alle wieder einen Schritt aufeinander zugehen, dass alle neue Regelungen finden.« Für ein Kind sei es nur gut, wenn es mit den neuen Partnern der Eltern auch neue Bezugspersonen dazugewinne. Für das Kind entstehe eine schöne Atmosphäre, wenn es in einer Riesenfamilie aufwachsen dürfe. Bestenfalls eben mit vier Erwachsenen zusammen unter einem Weihnachtsbaum. Aber zwei Weihnachtsbäume seien doch auch in Ordnung.

Man wird den Kerl nicht los! Eltern für immer

Ganz gleich, wie man es hält mit den Festen. Eines zeigt sich hier ganz deutlich: Als Paar kann man sich trennen, doch als Elternpaar ist man bis in alle Ewigkeit miteinander verbunden. Man wird einander einfach nicht mehr los. Denn es gilt, gemeinsam das Liebste, was man hat, das Kind, die Kinder, durch das Leben zu begleiten. Dieses Bewusstsein kann entspannen und damit jede Menge Energie freisetzen.

Sechs Jahre nach dem Heiligabend, an dem Yvonne Niklas voller Kummer zum Vater bringen musste, schafft sie es, ein großes Familienfest zu organisieren. Zusammen mit ihrem Ex-Mann.

Mit der Zeit kommt die Entspannung: Konfirmation von Niklas mit Mama und Papa

Wochen vorher die Überlegung: Wie feiern wir das Fest so, dass keine schlechte Stimmung aufkommt? Die ganze Familie wird da sein: Oma, Opa und das gleich zwei Mal. Tanten, Onkel, Cousins und Cousinen. Die beiden besten Freunde von Niklas mit Eltern.

Nicht dabei: die neuen Partner.

Gesprochen haben Yvonne und ihr Ex-Mann Matthias darüber zwar nicht, aber irgendwie ist klar, dass die Neuen nicht dabei sein würden.

Wo feiern? Normalerweise hätten sie ja in der Wohnung gefeiert. Das geht nicht. Die alte, gemeinsame Wohnung gibt es nicht mehr, die neuen Wohnungen kommen nicht in Frage. Die eine zu klein. In der anderen wohnt Yvonne mit ihrem neuen Partner. Und zwei Wochen im Monat mit Niklas.

Neutraler Boden also muss es sein. Yvonne hört sich um, findet ein Gasthaus mit großer Außenterrasse. Genug Platz also, sollte die Luft im Restaurant zu dick werden.

Vor dem Gottesdienst treffen sich alle vor dem Haus, in dem Matthias wohnt. Denn Niklas lebt momentan bei ihm, es ist seine Woche. Yvonne hat am Abend vorher noch das frisch gebügelte Hemd, den Konfirmationsanzug und die rote Krawatte gebracht. Und gedacht: »Hoffentlich sind die Sachen nicht bis Morgen total verknautscht, weil sie in irgendeiner Ecke liegen.«

Sind sie nicht. Die beiden haben das gut hingekriegt.

Niklas sieht klasse aus, trägt ziemlich stolz seinen ersten Anzug im Leben.

Auf dem Weg zur Kirche hakt sich die Ex-Schwiegermutter bei Yvonne ein. Yvonne mag sie sehr, doch seit der Trennung hat sie keinen Kontakt mehr zu ihr. Matthias will das nicht. Auch die Brüder von Matthias sind sehr nett zu Yvonne, alles ist vertraut. Die Nichten und Neffen ihres Ex-Mannes: »Groß sind die geworden, meine Güte«, denkt Yvonne. Sie gehört nicht mehr dazu, auch wenn ihr diese Menschen vertraut sind. Sie möchte auch nicht mehr dazugehören. Trotzdem schade, dass sie aus ihrem Leben verschwunden sind. Yvonne freut sich, dass alle gekommen sind. Für einige war es wahrscheinlich nicht leicht.

Matthias ist angespannt. Er lacht viel und laut. Sie weiß, dass er damit seine Anspannung überspielen will. Aber er ist freundlich zu ihr. Er gibt sich viel Mühe. Dafür ist ihm Yvonne sogar ein bisschen dankbar. Vor acht Jahren hatten sie eine schlimme Trennung. Von Freundlichkeit über Jahre keine Spur. Stattdessen: Verachtung, gekränkter Stolz. Minimaler Austausch über Niklas. Manchmal hatten sie wochenlang nicht gesprochen. Fast ein Wunder, dass dieser Tag, diese gemeinsame Konfirmation mit beiden Familien möglich ist.

Yvonnes Eltern halten sich zurück. Wie auch früher schon, als sie noch mit Matthias verheiratet war, zeigen sie keinerlei Interesse an seiner Familie. Diesmal ist Yvonne froh darüber. Ihre Mutter will wissen, was denn Alex jetzt mache, Alex, ihr neuer Partner, mit dem Yvonne jetzt schon seit sechs Jahren zusammenlebt, den sie im kommenden Jahr heiraten wird. Alex ist nicht dabei. Er wollte. Er war enttäuscht, nicht dabei sein zu dürfen. Schließlich ist er ja so eine Art Teilzeit-(Stief-)Vater für Niklas. Der heute auch Alex' rote Krawatte tragen darf. Mindestens eine Stunde lang hat Alex mit Niklas den Knoten geübt. Matthias weiß nicht, dass die Krawatte von Alex ist.

Eigentlich müsste Alex heute dabei sein. Er fehlt ihr. Stattdessen ist sie hier mit Matthias, ihrem Ex. Dem falschen Mann. Sie sieht, dass Matthias am anderen Ende des Tisches ihrer Mutter Komplimente macht, mit ihr scherzt und lacht. Später raunt ihr ihre Mutter zu: »Der Matthias sieht aber richtig gut aus! Der ist auch so schön braun.« »Ja, Mama.« »Der hat ja eigentlich immer gute Laune, was?« »Ja, hat er.«

Die Kinder hampeln am Tisch, Yvonne schickt sie nach draußen. Niklas hat das Jackett ausgezogen; die Krawatte liegt auf seinem Stuhl, das weiße Hemd ist fleckig, hängt aus der Hose raus. Er hat rote Wangen, seine Augen leuchten. Er lacht, rennt mit seinen Freunden, seinen Cousinen und Cousins väterlicherseits hinaus ins Freie. Yvonne lächelt. Hauptsache, denkt sie. Hauptsache.

Sie sind ein Paar. Matthias und sie. Immer noch. Sie werden es immer sein. Ein Elternpaar eben, das sich heute richtig gut am Riemen reißt, weil das gemeinsame Kind Konfirmation feiert. Weil die ganze Familie aus den Augenwinkeln zuschaut.

5. Die Blicke der anderen

Nach einer Trennung fühlen sich Familien oft unter besonderer Beobachtung. Großeltern, andere Verwandte, Freunde – jeder will wissen, wie es nun weitergeht. Wenn dann das angestrebte Wechselmodell auf den Tisch kommt, werden die Eltern oft mit Warnungen überschüttet: Dem Kindeswohl könne das Hin- und Herziehen doch wohl kaum dienlich sein.

Wechselmodell-Kinder erzählen oft etwas ganz anderes.

Simon erklärt den anderen das Wechselmodell und ist stolz auf seine Familie. »Ich fand das super, dass ich beide sehen konnte!«

Simon ist zwanzig Jahre alt. Bis zum Beginn seiner Ausbildung vor einem Jahr ist er immer zusammen mit seinem Bruder Felix hin- und hergewechselt. Wenn er neue Leute kennenlernte, dann fragten die meist: »Fühlst du dich nicht zerrissen, wenn du andauernd hin- und herfährst?«

Für Simon war das immer Quatsch, er ist der Meinung, man wird dann erst zerrissen, wenn man nur noch bei einem Elternteil wohnt. »Ich fand das super«, sagt er, »dass ich beide sehen konnte.« Diese Frage sei auch immer gekommen: »Wie läuft das denn so ab?« Dann habe er erklärt, dass man bei beiden Elternteilen halt einen Kleiderschrank hat und ein Bett. »Und ein paar Sachen hin- und herträgt.«

Sein Fazit: »Wir hatten eben zwei Zimmer, auch nicht schlecht. Wenn ich als Erwachsener irgendwo lebe, habe ich ja auch mehrere Zimmer. Da finde ich das überhaupt nicht schlimm, als Kind mehrere Zimmer zu haben. Und wenn ich zwei Schlafzimmer habe, dann ist das nun mal so.«

Genervt haben Simon die Nachfragen von außen nie. »Im Gegenteil, ich war immer stolz, wie wir das hinkriegen.«

Lorenz ist überrascht. »Ich war was Besonderes.«

Der heute zwölf Jahre alte Lorenz erinnert sich noch ganz genau: Als er vor drei Jahren, seine Eltern hatten sich gerade getrennt, in einer Gruppe mit anderen Trennungskindern erzählte, dass er zwei Zuhause habe, dass er sowohl seinen Papa als auch seine Mama immer sähe, da waren die anderen Kinder ganz überrascht. Die sahen ihre Väter nur alle zwei Wochen an den Wochenenden, manche hatten ganz den Kontakt verloren. Lorenz war zwar traurig wegen der Trennung seiner Eltern, aber er war auch stolz, dass er seinen Papa ganz selbstverständlich so oft sah. Lorenz' Vater Christian erinnert sich auch: »Ich glaube, dass Lorenz damals sehr selbstbewusst und gestärkt aus der Gruppe kam.«

Kinder, die im Wechselmodell leben, verlassen alt eingetretene Pfade. Eben jenen Pfad, der bei den meisten Trennungsfamilien dazu führt, dass der Vater zum Freizeit-Papa wird, die Kinder also nur jedes zweite Wochenende und höchstens einen Tag in der Woche bei ihm sind.

Felix hat Mitleid mit Kindern von Wochenend-Papas: »Die haben ja nur einen Elternteil!«

Der 17-jährige Felix, der seit mehr als zwölf Jahren sowohl bei seinem Vater als auch bei seiner Mutter lebt, erzählt von einem Gespräch unter Jugendlichen. »Eine Freundin fragte mich dann: Hast du nicht einen lieber? Deinen Vater oder deine Mutter? Ich sagte ihr, nein, ich mag beide genau gleich gern. Das wollte sie absolut nicht glauben.« Sie habe immer wieder nachgefragt: »Du bist doch bestimmt bei einem lieber als bei dem anderen!« Felix: »Ich musste ihr mehrmals sagen, dass ich beide gleich gerne mag. Und auch bei beiden gleich gerne bin. Dass ich das wirklich nicht unterscheiden könnte. Da war sie total perplex.« Die Freundin sei nur bei einem aufgewachsen und habe ihren Vater nur ab und zu gesehen. »Sie hatte das anders erlebt als ich. Ich habe für die mitgefühlt. Weil ich es schade finde für alle Kinder, die das so leben müssen. Die haben ja nur einen Elternteil!« Wenn die Freundin dann noch erzähle, dass sie ihren Vater jetzt schon lange nicht mehr gesehen habe und der ihr auch nicht mehr schreibe, »das ist doch traurig zu hören«. Da fehle doch der Einfluss eines Elternteiles. Felix sieht das für sich so: »Wenn ich nur bei meiner Mutter gelebt hätte, hätte ich auch eine andere Erziehung genossen und ich würde jetzt auch ein anderer Mensch sein. So hab ich quasi von beiden meinen Einfluss bekommen und das ist auch gut so.«

Die Beispiele von Simon, Lorenz und Felix zeigen: Wechselmodell-Kinder treffen bei Gleichaltrigen zumeist auf Neugier, werden von anderen Trennungskindern vielleicht sogar beneidet um ihren engen Kontakt zu beiden Elternteilen. Den damit verbundenen organisatorischen Aufwand nehmen die Kinder ohne großen Unmut in Kauf, er gehört zu ihrem Leben dazu. Vielleicht auch, weil sie gar nicht auf die Idee gekommen sind, dass sie wegen Taschepackens zu bemitleiden seien. Denn ihre Eltern haben um den Transport von Schul- und Anziehsachen nie ein großes Drama gemacht und die Kinder bedauert, sondern ihnen eher beim Ein- und Ausräumen geholfen, wenn es anfangs nötig war. Trennungsberater Ralf Stallbaum findet diese Einstellung zum Wechselmodell-Alltag ziemlich normal und folgerichtig. Zwei Kinderzimmer, Taschepacken – für ihn alles andere als ein Beweis für ein nur schwerlich funktionierendes Lebensmodell: »Wenn ich mein Kind in die Schule schicke, hat es jeden Tag eine Riesentasche dabei. Da sagt kein Mensch was. Und beim Regelumgang alle zwei Wochen am Wochenende sagt auch niemand: die Tasche! Ein anderes Bett!«

Wechselmodell-Eltern kassieren oft Vorwürfe: »Die armen Kinder! Die werden ja ganz zerrissen! Ein Kind muss doch wissen, wo sein Bett steht!«

So stolz wie Kinder erzählen Wechselmodell-Eltern oft nicht von ihrer Lebensform. Gerade zu Anfang, wenn alles noch so neu ist, sich das ganze System mit Wechsel-Rhythmus und der damit verbundenen Logistik gerade so einpendelt, da lauert für Mütter und Väter die nächste, große Herausforderung: die Anderen!

In Zeiten, wo Alleinerziehen eher alltäglich geworden ist, fällt das Wechselmodell auf jeden Fall auf. Und die, die es praktizieren, werden umgehend bewertet von ihrem Umfeld. Die Urteile fallen oft schnell. Und kränkend: »Oje, was tut ihr eurem Kind da an …. Ein Kind muss doch wissen, wo es hingehört!« Die Steigerung: »ICH könnte das nicht.« Bei Wechselmodell-Mama oder -Papa kommt das so an: Ihr macht das nicht richtig, ihr schadet eurem Kind durch das ewige Hin- und Herschicken. Wechselmodell-Eltern müssen stark werden, um den anderen begegnen zu können.

Familien in einer extremen Situation – eine Trennung ist eine solche – sind besonders anfällig für quälende Selbstzweifel. Was macht gute Eltern, gute Mütter und Väter aus? Wie kann ich nach der Trennung eine gute Mutter, ein guter Vater bleiben? In Trennungsforen wird das intensiv diskutiert. Gute Eltern kümmern sich um ihre Kinder, das ist der kleinste gemeinsame Nenner, auf den sich alle einigen können. Das Wie ist schon wieder konfliktreich.

Eltern, die sich mit dem Wechselmodell beschäftigen, sehen sich überschwemmt mit Bedenken seitens anderer. Wobei, auch ein Phänomen, Pro-Wechselmodell-Mütter wesentlich härter attackiert werden als die Väter. Britta erlebt das ständig.

»Auch nicht schlecht, nur Halbzeitmutter!« Britta und der Rabenmutter-Komplex

»Kinder brauchen EIN Zuhause!« »Julian wird Probleme mit Bindungen kriegen. Mich würde mal interessieren, was ein Bindungstheoretiker dazu sagt.« »Der arme Vater, schafft der das denn so ganz alleine?«

Das sind Reaktionen von Menschen, denen Britta erzählt, dass sie seit der Trennung das Wechselmodell lebt. Jeder hat sofort was dazu zu sagen, ob er nun in einer Traditionsfamilie lebt oder alleinerziehend ist. Ob mit Kindern oder kinderlos. Britta erinnert sich an einen Abend in ihrem Fitnessstudio, nach Aerobic an der Bar; da bekam sie von den Kollegen die volle Packung: »Auch nicht schlecht: so ein Leben als Halbzeitmutter. Wünsch ich mir auch mal für 'ne Zeit.« »Also, ich kenne keinen, der das so macht.«

Britta kennt auch nicht viele Menschen, die das Wechselmodell leben. Sie hat oft Zweifel, deswegen reagiert sie leider meist aggressiv oder beleidigt auf die Urteile der anderen.

»Willst du etwas verändern«, hat sie Julian gefragt, als er in die Pubertät kam. Sie war überrascht von seiner prompten Antwort. »Nein! Wieso? Von allen Trennungskindern geht's mir doch am besten. Ich hab euch beide.«

Trotzdem.

Britta fühlt sich als Rabenmutter, wenn sie hört: »Was? Du gibst dein Kind weg? Ich könnte das nicht!« Britta fühlt sich als Halbzeitmutter. »So gut würde ich es auch gerne mal haben! Wenn er nervt, dann ab zum Papa!« Die anderen Mütter haben ihre Kinder immer um sich, trotz Berufs, anstrengender Beziehung und trotz des Haushalts. Immer Vollzeit.

Der Krieg der guten Mütter. Britta mag sich darauf nicht mehr einlassen. Sie ist nämlich auch eine gute Mutter, auch, und vielleicht gerade, wenn Julian bei seinem Vater ist.

»Im Wechselmodell bekommt man Dresche, weil man von der Norm abweicht.«

Hinter den schnellen Urteilen steckt mehr als Besserwisserei: Das Wechselmodell hat ein hohes emotionales Potenzial. Die negativen Auswirkungen erwischen meistens die Mütter. Weil sie plötzlich nicht mehr dem landläufigen Bild der guten Mutter entsprechen: ihr Kind nicht jeden Abend ins Bett bringen, es sogar einige Tage lang nicht sehen.

Unwillkürlich fragen sich Frauen und Männer, auch die, die zum ersten Mal vom Wechselmodell hören: »Würde ich das aushalten?« Da ist ein flottes »Wie könnt ihr nur!« manchmal bequemer bei der Hand als ein Reflektieren der eigenen Befindlichkeit. Es ist leichter, aus der – vermeintlichen – Sicht der armen, betroffenen Kinder zu argumentieren, als sich selbst zu hinterfragen. So sieht das auch der Trennungsberater Ralf Stallbaum von der Wuppertaler Diakonie: »Besonders Frauen, die etwas anderes machen als das, was Norm ist, die bekommen Dresche.« Das Prinzip sei so simpel wie archaisch: Es gehe, wie überall, um die Rangfolge. Menschen neigten zum Bewerten, um sich selbst besser, mächtiger zu fühlen als der Norm-Abweichler: »Und aufgrund dieses Mechanismus wird eine Mutter, die das Wechselmodell lebt, sofort abgewertet, dann kann man sich über sie stellen.« Solche Prozesse sind nicht böse gemeint, sie laufen einfach unbewusst ab, sagt der Trennungsberater.

Britta sieht sich umringt von Ratgeberinnen. Die platzieren Hinweise und Bedenken. »Das ist typisch. Wenn Menschen in einer Krise stecken, dann rückt das familiäre System oder der Freundeskreis näher und will helfen.« Wenn man sich dem widersetze, die Hilfe nicht annehme, drohe Ablehnung: »Das hat ja etwas Kränkendes für die Ratgeber. Und dann bekommt die Mutter, die sich trotz aller Warnungen für das Wechselmodell entscheidet, auch noch Prügel aus ihrem näheren Umfeld«, so Ralf Stallbaum.

Aber Mütter, die sich attackiert fühlten, könnten dieses Prinzip durchschauen. »Sie sollten versuchen, eine Grundstärke zu entwickeln.« Sie dürften stolz darauf sein, dass sie ihren Kindern ermöglichen, den Vater zu sehen und auch mit ihm zu leben. »Kein Hahn kräht danach, wenn Eltern die Entscheidung treffen: Kind, du gehst jetzt ein paar Tage zur Oma, weil wir arbeiten müssen!« Aber wenn das Kind regelmäßig zum Vater ziehe, dann sei die Mutter plötzlich schlecht, handele nur für Vergnügen und Karriere? Das Kind wisse nicht, wo sein Bett stehe? »Nein«, sagt der Trennungsberater, »Kinder wissen immer, wo ihr Bett steht.« Dass eine Wechselmodell-Mutter immer wieder mal verunsichert sei, das sei nicht schlimm. »Verunsicherung gehört zum Leben. Wenn ich nicht getrennt lebe, sondern in einer Regelfamilie, dann habe ich auch an irgendetwas Zweifel.« Ralf Stallbaum rät auch hier zu folgender Strategie: Mütter, die unter dieser Verunsicherung leiden, sollten stärker auf die Kinder schauen: »Wie entwickelt sich mein Kind? Ist es im Normbereich?« Gespräche mit anderen Bezugspersonen, Lehrern oder Erzieherinnen im Kindergarten, böten da Hilfestellung. Aus ihren Bewertungen könne die Mutter Kraft ziehen. Und Beruhigung.

Bewertung der anderen: Väter kommen besser weg

Die Väter haben es einfacher. Gesellschaftlich ist es immer gefragter, dass ein Vater sich einbringt in die Kindererziehung. Der Wechselmodell-Papa, der sein Kind eine Weile sogar eigenverantwortlich großzieht, es ohne Mamas Hilfe schafft, dass der Nachwuchs mit frischen Sachen in Kindergarten oder Schule erscheint – er erntet Bewunderung. Thorsten zum Beispiel.

Thorsten hat schon bei der Geburt des ersten Sohnes gesagt: »Ich bin bei allem dabei.« Thorsten sah sich nie als Feierabend-Papi, dem ein frisch gewickeltes Baby in den Arm gegeben wurde. »Als Simon abgestillt war, war ganz klar, dass meine Frau und ich uns jede Nacht abwechseln würden mit Wickeln und Fläschchenmachen.«

Dann – als die Jungs sechs und acht Jahre alt waren – kam die Trennung, das ist jetzt zwölf Jahre her. Für Thorsten und seine Frau war klar: Wir machen das Wechselmodell, die Jungs sind eine Woche bei ihr und danach eine bei ihm. »Eine Familienanwältin hat mir gesagt, in vielen Trennungsfamilien spielt der Vater nach fünf Jahren keine Rolle mehr, das wollten wir alle unbedingt vermeiden.«

Seitdem also pendeln die Jungs hin und her. Thorsten arbeitet als Rechtsanwalt bei einer Versicherung und hat es immer geschafft, seine Arbeitszeit so zu organisieren, dass er ein Gutteil seines Papierkrams zu Hause erledigen konnte. »Das ist eine wichtige Voraussetzung für das Wechselmodell: dass man in seinem Beruf so flexibel ist, dass man das mit der Kinderbetreuung hinbekommt. Ich habe schon als Jugendlicher gelernt, Haushalt zu führen. Ich habe zu Hause gelernt, alles, was wirklich anfällt. Das ist schon ganz praktisch, wenn man das beherrscht.« Als die Jungs älter wurden, war es sowieso kein Problem mehr, wenn sie eine Weile alleine zu Hause waren.

Wenn Thorsten anderen erzählte, dass er seine Söhne gleichberechtigt mit seiner Ex-Frau aufzieht, war die Reaktion immer so: »Ich wurde immer bewundert, wie ich das schaffe«, erzählt er. »Dass ich das hinkriege mit der Arbeit und dem Haushalt.« Nicht, dass solche Anerkennung nicht guttäte. Aber eigentlich fand Thorsten sie immer auch ein wenig seltsam: »Die Frauen müssen das ja auch bewältigen. Da sagt niemand was.«

Diese Erfahrung hat auch Jörn gemacht, der seit 2009 mit drei kleinen Kindern das Wechselmodell lebt. »Die Zwillinge waren zweieinhalb und Hannes viereinhalb, als wir damit anfingen«, erinnert er sich. Seine stressigen Ausflüge ins Schwimmbad mit den Winzlingen sorgten damals für hohen Wiedererkennungswert: »Der Bademeister rief immer: ›Da kommt ja unser Alibi-Papa!‹« Das fand Jörn ganz schön.

Weniger gefällt es ihm, wenn man ihm als Vater nichts zutraut. Das kommt auch vor. »Gerade gestern war ich mit den Kindern abends noch einkaufen.« An der Käsetheke gab es Probier-Stückchen – da rannten die Kinder, mittlerweile alle im Grundschulalter, natürlich hin. »Und schon kamen zwei ältere Frauen und sagten zu mir: ›Ihre Kinder haben Hunger!‹ Das fand ich überhaupt nicht lustig. Die unterstellten mir sofort, dass ich nicht mitbekomme, wenn meine Kinder was essen möchten.«

Angriffe auf die Rollenverteilung werden von Wechselmodell-Eltern besonders sensibel wahrgenommen. Sie treffen das eigene Selbstbild, das Bild von der »guten« Mutter und vom »guten« Vater. Jörn formuliert das so: »Wenn ich ›meine Kinder‹ sage, meine ich was anderes damit, als wenn die Mutter das sagt.« Er habe das verinnerlicht: »Ich meine damit, ich ziehe die Kinder groß, aber besitze sie nicht.« Seine Ex-Frau Verena allerdings habe da ein ganz anderes Ideal im Kopf, eben das der Mutter, die immer für ihre Kinder da ist, sie vielleicht ein Leben lang »bemuttere«.

Kinder und Kontakte zu Freunden

Natürlich stellt das geteilte Familienleben noch weitere organisatorische Anforderungen. Für die Eltern. Aber auch für die Kinder. Ein Kinder-Wochenplan ist gefüllt mit Terminen – mit Sport und Musikunterricht etwa. Und mit Verabredungen mit Freunden. Der Albtraum der Eltern: Arme, vereinsamte Kinder, die kein Freund, keine Freundin mehr anruft, weil niemand weiß, wo sie gerade sind. Ist das so? Christian, der Vater des zwölfjährigen Lorenz, hat diese Sorge manchmal. »Irgendwie habe ich das Gefühl, dass Lorenz nicht so viele Freunde hat.«

Lorenz selbst hat sich da bislang keine großen Gedanken gemacht. »Meine guten Freunde wissen, dass ich mal bei Mama und mal bei Papa wohne. Und mit denen verabrede ich mich auch.« Nicht allen in seiner Klasse hat er davon allerdings erzählt. »Warum auch?«, fragt er zurück. Die Lehrer wüssten allerdings Bescheid.

Auch der gleichaltrige Max fühlt sich wegen des Wechselmodell-Lebens nicht einsam. »Meine Freunde finden mich immer, die rufen entweder bei meiner Mama oder bei meinem Papa an. Und ich habe ja auch selbst ein Handy. Ist aber meistens nicht aufgeladen«, erzählt er. Seine Freunde würden über die »Leer-Anrufe« überhaupt nicht nachdenken. Manchmal allerdings sei seine Mutter genervt, wenn er bei seinem Vater sei, aber »bei der Mama frühmorgens am Sonntag das Telefon klingelt, weil Henry fragt, ob ich mit schwimmen gehe«.

Organisation mit Schule und anderen Außenkontakten

Ein bisschen beklommen ist vielen Wechselmodell-Eltern zumute, wenn sie ihre Lebensform der Schule gegenüber darlegen müssen. »Manchmal spüre ich geradezu den kritischen Blick, wenn ich beim Elternsprechtag erzähle, dass Sophie in zwei Haushalten lebt«, erzählt Annika. Was sie nicht genau weiß: Ist es wirklich Kritik? Oder fürchten die Lehrer womöglich nur größeren organisatorischen Aufwand?

Mama weiß nicht immer alles! Das muss sie aushalten

Der Grippe-Anflug haut Annika um, an einen Bürotag ist heute nicht zu denken. Die 42-Jährige bleibt im Bett, atmet sogar ein bisschen auf, die 15-jährige Tochter Sophie, ebenfalls kränkelnd, ist in dieser Woche beim Vater, Zeit also für die eigene Erholung. Kurz nach elf Uhr klingelt das Telefon. »Maiwald vom Viktoria-Gymnasium. Sophie war heute nicht bei der Mathearbeit. Sie hätte sich abmelden müssen!« Ohne Attest dürfe die Arbeit nicht nachgeschrieben werden!

Annika holt Luft, um nicht husten zu müssen.

Erklärt mit krächzender Stimme, dass, soweit sie wisse, Sophie auch krank sei. Dass die Tochter sich in der Schule am Klausurmorgen hätte abmelden müssen, tja, da sei sie, die Mutter, heute überfragt. »Sophie wohnt in dieser Woche bei ihrem Vater«, sagt sie dem verärgerten Lehrer, setzt hinzu: »Sophie ist nicht immer bei mir.«

Lehrer Maiwald hört darüber hinweg. Ihm scheint absolut egal, wer für die Tochter gerade zuständig ist. Annika gesteht ihm das zu und springt sofort in die Verantwortung: »Ja, ich werde Sophie gleich anrufen und dafür sorgen, dass sie ein Attest nachreicht.« Und tief drinnen spürt Annika auch wieder diesen leichten Stich, dass sie, die Mutter, über so etwas Wesentliches nicht Bescheid weiß wie eben diese Klausur-Abmeldung. Die 15-jährige Tochter hat sich nicht gekümmert, und sie als Mutter auch nicht. Schlimmer: Sie wusste nicht einmal, dass Sophie der Matheklausur fernblieb. Gestern, beim Telefongespräch, ging es der Tochter doch schon wieder besser …

Klang der Lehrer vorwurfsvoll? Manchmal meint die Mutter, in jedem Satz Kritik an ihrem Familien-Modell zu hören, zumal wenn etwas nicht rund läuft. Annika ruft sich zur Räson: Die Schule hat nun mal ihre Rufnummer auch und so ruft der Lehrer eben dort an, wo gerade jemand rangeht. Es ist nicht Sache der Lehrer, den Wechsel-Rhythmus zu kennen. Außerdem hätte sich ja auch der Vater kümmern können!

Annika lehnt sich zurück. Wählt dann die Nummer der Vater-Wohnung. Sophie geht ran. »O ja, ich habe ein neues Attest, war doch heute bei der Ärztin. Ich wusste nicht, dass ich in der Schule hätte anrufen müssen …«

Sie wird dem Lehrer eine E-Mail schreiben und alles erklären.

Annika kocht sich erst mal einen Tee. Wieder eine kleine Schlacht geschlagen.

Auch nach einigen Jahren des Wechselmodell-Lebens ist es so: Annika kann es schlecht aushalten, dass sie nicht über jeden Moment im Leben ihrer Tochter Bescheid weiß. Zugleich ist Annika offen für alle Vorwürfe der Welt, die sie sofort auf das Wechselmodell zurückführt. Aber dann gelingt es ihr doch, dem Gedankenstrudel zu entkommen und das Ereignis nüchtern auf seine organisatorischen Strukturen abzuchecken: Krank am Klausurtag bedeutet Abmelden in der Schule. Das müssen Kind und Eltern verinnerlichen, das Lebensmodell hat damit gar nichts zu tun und verkompliziert auch nichts.

Grundsätzlich halten Wechselmodell-Eltern es wie andere Eltern, ob getrennt oder nicht, auch: In der Schule werden alle Telefonnummern angegeben, die relevant sind. Es ist kein Problem, am Elternabend auf der Namensliste zwei Namen und Adressen anzugeben. Die Lehrer werden im Ernstfall schon einen Elternteil auftreiben – und dann erwarten, dass der Angerufene den anderen informiert. Das ist alles, was Wechselmodell-Eltern in der Schule an Logistik leisten müssen.

Und wenn die Lehrer dennoch sorgenvoll blicken? Trennungsberater Ralf Stallbaum rät zum Verständnis für die Pädagogen: »Lehrer und Erzieher haben immer Angst vor Trennungskonflikten, dass sie da hereingezogen werden.« Da müssten auch Wechselmodell-Eltern ein wenig Geduld aufbringen »und die ein bisschen betüddeln«.

Die Lehrer von Sophie jedenfalls haben begriffen, dass die 15-Jährige zwei Zuhause hat. »Das wissen alle Lehrer, dass ich mal bei meinem Vater und mal bei meiner Mutter lebe.« Sophie, deren übergroße Lässigkeit manchmal notentechnisch unangenehme Konsequenzen hat, hält sich aus Lehrer-/Eltern-Kontakten weitestgehend heraus: »Wenn jetzt ein Lehrer eine E-Mail schreiben will, dann lasse ich den schreiben, wohin er will. Mein Vater erzählt das sowieso direkt meiner Mutter. Meine Mama klärt solche Sachen direkt mit

mir und erzählt es meinem Vater, wenn es sich so ergibt.«
Raus kommt es sowieso, wenn sich ein Lehrer beschwert,
damit hat Sophie sich abgefunden ...

Aber auch andere Außenkontakte müssen die Eltern regeln. Zwei Zuhause, das bedeutet eben auch: Zwei Erwachsene müssen Termine koordinieren. Nicht immer einfach
im Alltag, das wissen auch Heike und Gernot.

Auch die Wechselmodell-Familie steht zusammen und verteidigt Angriffe der anderen

Heike joggt durch den Wald, die Kinder Isabell und Tim
sind bei Gernot, sie muss erst mittags zur Arbeit. Das
Handy klingelt, die kieferorthopädische Praxis. Es geht um
einen neuen Termin für Tim, die vorigen waren irgendwie
untergegangen. Nichts Besonderes, kann vorkommen.

Die Teufelchen pieksen im Detail. »Ach, wie gut, dass
wir Ihre Handynummer jetzt haben. Die Festnetznummer,
da haben wir ständig auf Band gesprochen, hat nie jemand
zurückgerufen«, beklagt sich die Sprechstundenhilfe. Die
Festnetznummer sei von Gernot, dem Vater, erklärt Heike.
»Ja, das haben wir uns schon gedacht, als sich nie jemand
meldete. Sie hätten doch bestimmt zurückgerufen!«

Jetzt wäre es so einfach, die gute Mutter zu spielen, die
sich sofort rückmeldet, immer, im Gegensatz zum schludri-
gen Vater. Heike spürt kurz die Versuchung. Und wider-
steht. Erklärt, dass es eben zu Terminverwirrungen gekommen sei. Die Sprechstundenhilfe ist etwas genervt und sagt:
»Ab jetzt melden wir uns immer nur noch bei Ihnen. Die
Nummer des Vaters setzen wir in Klammern, die Kinder
sind ja doch bei Ihnen!«

Heike joggt längst nicht mehr, steht im Herbstlaub, be-
richtigt: »Nein, die Kinder sind genauso bei Ihrem Vater,

der ist genauso zuständig und macht es gut. War eben Pech mit den Terminproblemen.« »Ah ja, natürlich«, sagt die Sprechstundenhilfe.

Heike ist selbst überrascht von den Gefühlen, die sie in diesem kurzen Gespräch erlebt. Vor allem: die Solidarität mit Gernot, den sie plötzlich verteidigt gegen den Vorwurf der Schlunzigkeit. Gernot verteidigen! Das liegt alles andere als nahe für Heike, schließlich findet sie ihren Ex-Mann in vielen Dingen einfach nur blöd. Und dennoch billigt Heike ihm zu: Er ist der Vater ihrer Kinder, und als solcher trägt er die gleiche Verantwortung wie sie, die Mutter. Im kurzen Gespräch mit der Arztpraxis passiert folgerichtig dies: Heike verteidigt das Familienmodell. Und ein Termin geht eben manchmal verloren, das kommt in den besten Familien vor.

6. Das Finanzielle

Bisher war man eine Familie. Mit einer Wohnung, mit Kosten, die gemeinsam getragen wurden. Jetzt steht die Trennung an, Auseinanderziehen – bald werden zwei Haushalte zu finanzieren sein. Vielleicht ist man bisher gut über die Runden gekommen, konnte sich sogar mehrere Urlaube leisten pro Jahr, Konsumwünsche erfüllen, ohne so genau auf den Cent zu achten. Das wird, so wissen die meisten Familien in Trennung, künftig anders werden. Zwei Haushalte sind einfach teurer als einer. Zwischen den Schuldgefühlen und emotionalen Sorgen schleicht sich die Existenzangst heran.

Tatsächlich: Das Wechselmodell hat finanzielle Auswirkungen auf die Lebenssituation von Müttern und Vätern. Das fängt beim Wohnraum an: Es müssen größere Wohnungen unterhalten werden, denn das Kind braucht bei jedem Elternteil Platz, bestenfalls ein eigenes Zimmer. Es geht um Kindesunterhalt, der anders berechnet wird als im klassischen Fall, wenn das Kind nur bei einem Elternteil lebt. Im paritätisch betreuten Wechselmodell sind die Rollen Unterhaltspflichtiger/Unterhaltsempfänger nicht mehr klar verteilt. Da kann es passieren, dass der Vater nichts oder nur wenig zahlen muss an die Mutter. Für viele Frauen ein Schrecken: noch weniger Geld!!! Da stellt sich die Frage: Können sich das Wechselmodell nur Gutverdiener leisten?

Fakt ist: »Das Wechselmodell wird immer öfter nachgefragt, mit allen seinen Konsequenzen.« Das sagt die Aachener Familienanwältin Martina Mainz-Kwasniok, die sich mit dieser Lebensform und ihren finanziellen und rechtlichen Auswirkungen beschäftigt. »Vor zehn Jahren war das noch exotisch, jetzt kommen Eltern und fragen ganz gezielt nach, wie das Wechselmodell funktioniert.«

Und welche Chance bietet das Wechselmodell den Eltern auch in beruflicher Hinsicht?

Unsere Beispiele zeigen: Es ist wie überall im Leben, je mehr Geld da ist im Monat, desto einfacher ist der Alltag. Doch das Wechselmodell kann auch bei knapperer Kasse funktionieren. Und das sogar ganz gut, vielleicht auch, weil sich Prioritäten verschieben, von denen man bislang nicht ahnte, dass sie sich verschieben lassen würden.

Klaudia hat Angst, sich und Greta nicht durchbringen zu können

Es war eine ätzende Trennung. Neue Lebenspartner kamen ins Spiel, noch während Klaudia (41) und Thomas (49) ihr altes Leben auseinandersortierten. Einigkeit gab es nur in einem Punkt: Beide wollten sich weiter um die zwölfjährige Tochter Greta kümmern. Ansonsten redeten Klaudia und Thomas nur das Nötigste miteinander, und diese wenigen Sätze wurden oft genug mit bösen Spitzen und Angriffen gewürzt. Das Nötigste, das waren aber eben auch die Finanzen.

»Ich habe nur ein großes, schwarzes Loch vor mir gesehen«, erinnert sich Klaudia, wenn sie an die Zeit der Trennung denkt und an die finanziellen Aussichten. Sie selbst arbeitete seit Gretas Geburt in Teilzeit als Ingenieurin, die letzten Jahre so: zwei Wochen Job, zwei Wochen zu Hause. Bis dato war das Leben geldmäßig sorgenfrei: Thomas hatte ein Haus geerbt, in dem die Familie wohnte. Der selbstständige Grafiker verdiente ordentlich und konnte in Steuerklasse 5 einiges absetzen. Klaudia war mit Steuerklasse 3 gut bedient, das Ehegattensplitting kam der Familie zugute. Wenn Klaudia arbeitete, kümmerte sich eine der Großmütter um Greta.

Und jetzt – wie sollte das weitergehen, künftig? Ganz klar: Thomas würde in seinem Haus weiter wohnen bleiben. Klaudia hatte darauf keinen Anspruch, und auch mit einem Zugewinn war nicht zu rechnen.

»Es war die Hölle«, gruselt sich Klaudia noch heute, denkt an durchwachte Nächte voller Zukunftsangst. Denn was immer sie auch rechnete: Eine Drei-Zimmer-Wohnung in der Nähe würde bestimmt 900 Euro warm kosten, bei einem Verdienst von knapp 1800 Euro netto (in der neuen Steuerklasse 2) wäre also die Hälfte schon weg. Dazu die Ausgaben für Auto, Lebensmittel und, ja, auch für Freizeit, Kleidung, schöne Dinge. Klaudia war schon klar, dass sie eigentlich nicht schlecht verdient. Doch sie würde deutlich weniger Geld zur Verfügung haben als vorher zusammen mit ihrem Mann. Das machte ihr schlicht Angst. Eine erdrückende Vorstellung für sie, künftig alles Finanzielle alleine schaffen und regeln zu müssen.

»Natürlich habe ich mich rechtlich beraten lassen«, erzählt Klaudia. Sie wollte wissen, ob und wenn ja, was Thomas ihr zahlen müsse. Ehegatten-Unterhalt etwa. Doch wenn Klaudia an das Jahr 2008 zurückdenkt, dann kommt sie zu diesem Ergebnis: Sie hat sich nicht wirklich um detaillierte Auskunft bemüht. Klaudia hat die damals frisch geänderte Rechtsprechung vorbehaltlos für sich akzeptiert. Vielleicht vorschnell klein beigegeben, »aus einem Schuldgefühl heraus, weil doch ich diejenige war, die die Trennung wollte«.

So sieht das neue Unterhaltsrecht aus: Es verlangt von Frauen, dass sie ab vollendetem dritten Lebensjahr des Kindes wieder Vollzeit arbeiten und sich selbst unterhalten. Klaudias Anwältin sagte damals, es gebe wohl Schlupflöcher. Wenn Greta etwa besonderer Betreuung bedürfe, in der Schule auffalle – etwas in dieser Richtung. Dann lasse sich das mit der Vollzeitarbeit hinauszögern. Klaudia wollte aber keine entsprechenden Gutachten über Greta erzwingen, weil es eben nicht stimmte, sich völlig falsch angefühlt hätte. Fazit: Klaudia nahm hin, dass es für sie keinen Ehegatten-Unterhalt geben würde.

Blieb der Kindesunterhalt. Unstrittig war dies: Im Wechselmodell gilt nicht der klassische Fall »Kind wohnt bei Mutter, Vater zahlt nach Düsseldorfer Tabelle«. Greta sollte ja wochenweise jeweils bei Vater oder Mutter wohnen. Bei beiden also gleich lang.

Thomas plädierte dafür: Jedes Elternteil finanziere sich und Greta autonom selbst. Seine Argumentation: Wenn Greta paritätisch wohnt, haben beide Eltern gegeneinander Unterhaltsansprüche für Greta. Wenn Greta in den Wochen 1 und 3 beim Vater lebt, müsste die Mutter ihm für diese Zeit Unterhalt für Greta zahlen, für die Wochen 2 und 4 wäre es dann umgekehrt. Bedeutete nach Thomas' Ansicht: Die Unterhaltsansprüche heben sich gegeneinander auf, keiner müsse dem anderen etwas zahlen.

Damit allerdings gab Klaudia sich nicht zufrieden. Thomas verdiene deutlich mehr als sie, sie verlange von ihm entsprechend mehr Unterhalt für Greta.

So kommt Klaudia gut über die Runden – Der Weg zur Mediatorin lohnt sich

Die beiden gingen zu einer Rechtsanwältin mit Mediator-Ausbildung. »Das war eine gute Entscheidung«, sagt Klaudia heute, »alleine wären wir da nicht herausgekommen in unserer Wut aufeinander.« Die Mediatorin verlangte die nackten Zahlen, die Nettoverdienste von Klaudia und Thomas. Die Mediatorin schaute genau nach, was jeder Elternteil, aufgrund seines Nettoeinkommens, dem anderen laut Düsseldorfer Tabelle zahlen müsste. Heraus kam eine Differenz – zu Klaudias Gunsten.

»Das ergab, dass Thomas mir für Greta 150 Euro zahlen muss«, sagt Klaudia. Die Mediatorin betonte, dieses Geld sei nicht für Klaudia, sondern für das Kind. Eine wohl stichhaltige Begründung für Thomas, sodass er seitdem 150 Euro monatlich überweist. Außerdem erhält Klaudia das Kindergeld.

Knapp 2150 Euro monatlich, immer noch wenig, fand Klaudia damals. Und wählte einen Weg, den sie zunächst für sich ausgeschlossen hatte: »Ich habe meine Arbeitszeit erhöht. Von zwei Wochen auf drei Wochen monatlich.« Diese Dreiviertelstelle bringt Klaudia noch mal knapp 600 Euro mehr im Monat, 2900 Euro netto inklusive Unterhalt für Greta – das reicht gut. Klaudia ist erleichtert, sie kann sogar die große Wohnung bezahlen.

Ein bisschen denkt sie schon manchmal darüber nach, wie es ohne das Wechselmodell wäre, wenn Greta nur bei ihr lebte: »Ich bekäme den kompletten Kindesunterhalt, hätte also ungefähr das gleiche Geld, aber ich müsste weniger arbeiten.« Aber andererseits: »So bin ich finanziell unabhängig. Und das auch in Zukunft!«

Schreckgespenst vieler Frauen: das neue Unterhaltsrecht

Klaudia und Thomas verdienen recht gut, »und deshalb haben sie es einfacher als viele andere und insbesondere Geringverdiener, das Wechselmodell zu leben«, sagt die Aachener Familienanwältin Martina Mainz-Kwasniok.

In der Regel arbeitet der Mann voll, die Frau steckt wegen der Kindererziehung beruflich zurück und steht dann unmittelbar nach der Trennung finanziell auf deutlich schwächeren Beinen: »Was Klaudia und Thomas erleben, bezieht sich nicht alleine auf das Wechselmodell, sondern auf Trennung und Scheidung überhaupt«, meint Mainz-Kwasniok. »Aber«, beruhigt sie, »das Schreckgespenst vieler Frauen – kein Ehegattenunterhalt mehr!!! – existiert in dieser Form meist gar nicht: Vor der Scheidung steht mindestens das Trennungsjahr, und in dieser Zeit steht der Frau derselbe Trennungsunterhalt zu wie vor dem neuen Unterhaltsrecht.« Daran habe sich nichts geändert. Die Anwältin empfiehlt das genaue Sortieren: »In der Trennungssituation, im Trennungsjahr, hat die Frau die Chance, ihr Leben umzubauen.« Wenn eine Frau in dieser Phase etwa ihre Arbeitszeit aufstocke und so auch deutlich mehr verdiene, stelle sich das Problem des Ehegattenunterhaltes zumeist nicht. Und auch nach der Scheidung gebe es nacheheliche Solidarität und Übergangsfristen, so einfach sei es für den besserverdienenden Ex-Partner nicht, Ex-Frau, oder seltener, Ex-Mann loszuwerden. »Doch irgendwann ist es mit dem Ehegattenunterhalt tatsächlich vorbei.«

Das bedeutet: Geschiedene Mütter müssen mindestens Teilzeit arbeiten, damit sie ihren Lebensunterhalt bestreiten können. Die Anwältin weiß aus ihrer Erfahrung: Normalerweise versuche jede Frau in dieser Situation, in ihren Beruf wieder einzusteigen. Bis das klappt, kann es eine Weile dauern. Vielleicht sind Umschulungen nötig, Weiterbildungen. Bei Unterhaltsfragen, die vor Gericht verhandelt werden, schauen die Familienrichter bei der Bemessung durchaus auf die familiären Kraftanstrengungen. Hier sieht Martina Mainz-Kwasniok einen großen Vorteil des Wechselmodells für Unterhaltspflichtige: »Deshalb ist ein Mann gut beraten, seiner Frau in der Trennungszeit die Kinder so oft wie möglich abzunehmen, damit sie durchstarten kann und er möglicherweise auch in der Scheidungsverhandlung darlegen kann, dass nachehelicher Unterhalt nicht nötig ist.«

Der Kindesunterhalt und die »Düsseldorfer Tabelle«

Bei allen Fragen rund um den Kindesunterhalt kommt die »Düsseldorfer Tabelle« ins Spiel. Denn die Düsseldorfer Tabelle listet auf, was ein unterhaltspflichtiger Elternteil dem anderen an Unterhalt zahlen sollte – abhängig vom Nettoeinkommen des Elternteiles und dem Alter des Kindes. Diese Leitlinien haben keine Gesetzeskraft, doch orientieren sich an ihnen die bundesdeutschen Familiengerichte. Wie diese Tabelle zustande kommt? »Sie beruht auf Koordinierungsgesprächen zwischen Richtern der Familiensenate der Oberlandesgerichte Düsseldorf, Köln, Hamm, der Unterhaltskommission des Deutschen Familiengerichtstages e.V. sowie einer Umfrage bei den übrigen Oberlandesgerichten«, heißt es auf der Homepage des Oberlandesgerichtes Düsseldorf.

Mit dieser Tabelle ist relativ leicht zu arbeiten, wenn ein Kind bei nur einem Elternteil lebt. Im paritätisch betreuten Wechselmodell aber haben ja Eltern gegeneinander Unterhaltsansprüche. So haben es ja auch Klaudia und Thomas gemacht: Sie verrechneten ihre Ansprüche einfach gegeneinander. »Eine öfter praktizierte Methode, aber keine gute«, findet Martina Mainz-Kwasniok.

Ein Rechenbeispiel für den Kindesunterhalt nach der Düsseldorfer Tabelle

Sie plädiert dafür, den Unterhalt für paritätisch betreute Wechselmodell-Kinder so zu berechnen, wie es die Düsseldorfer Tabelle für Kinder vorschlägt, die gar nicht mehr zu Hause wohnen (wenn sie zum Beispiel zum Studium in eine andere Stadt gezogen sind). Denn Wechselmodell-Kinder haben einen höheren Bedarf an Unterhalt als Kinder,

94

die nach dem Regelmodell betreut werden – schließlich benötigen Kinder mit zwei Zuhause mehr Platz: Wohnraum, der auch dann bezahlt werden muss, wenn der Nachwuchs gerade beim anderen Elternteil ist.

Gerechter Unterhalt – für Rechtsanwältin Mainz-Kwasniok könnte er etwa so ermittelt werden:

2600 Euro Netto-Einkommen Mutter
abzüglich 950 Euro Selbstbehalt = 1650 Euro

3800 Euro Netto-Einkommen Vater
+ 800 Euro geschätzter Wohnvorteil (zur Erinnerung, der Vater wohnt im eigenen Haus) abzüglich 950 Euro Selbstbehalt = 3650 Euro

Gesamteinkommen: 5300 Euro. Bei 12- bis 17-jährigen Kindern gibt die Düsseldorfer Tabelle hier einen Bedarf von 682 Euro vor (Kindergeld nicht eingerechnet).

Nach dem meist angewendeten Quotenprinzip (1650/5300 = 31 Prozent, 3650/5300 = 69 Prozent) beträgt der Anteil der Mutter 211 Euro von 682 Euro, der des Vaters 471 Euro.

»Nun ist Kreativität gefragt«, sagt die Anwältin. Denn Wohn- und Lebensmittelkosten fallen ja bei beiden Eltern an. In welcher Höhe diese pauschal angesetzt werden – dazu macht die Düsseldorfer Tabelle keine Aussage. Hier müssen Wechselmodell-Eltern verhandeln.

Häufig werde dann wie folgt vorgegangen, sagt Marina Mainz-Kwasniok:

1. »Die Eltern stellen die Fixkosten zusammen, die bezahlt werden müssen (Vereinsbeiträge, Musikunterricht, Nach-

hilfe, Versicherungen etc.). In diesem Beispiel wären es 100 Euro.«

2. »Außerdem schätzen die Eltern den Bekleidungsbedarf; in diesem Beispiel noch einmal 100 Euro.«

682 Euro minus 200 Euro ergeben in diesem Fall 482 Euro, die das Kind monatlich an Wohn- und Lebensmittelbedarf an beiden Wohnorten hat. Für jeden Haushalt ergeben das 241 Euro. So fehlen der Mutter in diesem Beispiel 30 Euro monatlich an Wohn- und Lebensmittelbedarf, die ihr der Vater überweisen muss.

Das Kindergeld in Höhe von 184 Euro werde auf ein Kinderkonto gezahlt, auf das beide Eltern Zugriff haben. Davon werden die Fixkosten bezahlt und eventuell sogar Rücklagen gebildet für Klassenfahrten oder größere Anschaffungen. In diesem Beispiel wäre es nun fair, wenn der deutlich besser verdienende Vater für alle übrigen Kosten einschließlich Bekleidung aufkommen würde, dann sei das Gesamtergebnis zur Quote passend.

»Aber auch bei diesem Modell gibt es Streitpunkte«, weiß Mainz-Kwasniok. Etwa, wenn die Mutter nicht Vollzeit arbeite, der Vater aber finde, dass ihr dies zuzumuten sei im Wechselmodell. Denn würde sie mehr arbeiten, sei die Quotenverteilung anders: »Er könnte dann verlangen, dass sie sich mehr am Unterhalt beteiligt.« Auch hier gelte: Absprachen treffen. Aushandeln. Notfalls mit fachlicher Hilfe.

Eltern können sich dabei an einem Urteil des Oberlandesgerichts Düsseldorf vom 12.1.2001 orientieren (vgl. Az 6 UF 71/00, veröffentlicht im Internet).

Wer das Kind weniger betreut, muss womöglich an den anderen zahlen

Auch Phillip und Susanne leben mit Tochter Julia das Wechselmodell. Allerdings nicht ganz paritätisch: Julia ist drei Tage bei ihrem Vater und vier bei der Mutter, einer Grundschullehrerin. Phillip, Besitzer eines kleinen Transportunternehmens, nennt den Grund: »Dieser eine Nachmittag mehr macht, dass ich meiner Ex-Frau für Julia den kompletten Kindesunterhalt zahlen muss.« Das hat das Familiengericht so entschieden. »Das ist eben so«, sagt Phillip, »wenn die Aufenthaltszeit des Kindes nicht genau gleich ist, muss der Elternteil mit weniger Zeit dem anderen eben den vollen Satz zahlen.« Er finde das blöd, wolle aber keinen weiteren Streit.

Tatsächlich ist die Rechtslage zu diesem Fall klar und eindeutig. Wenn nicht genau hälftig betreut wird, verlangen die Familienrichter bislang von dem Elternteil, bei dem das Kind weniger ist, die Zahlung des kompletten Kindesunterhaltes. Martina Mainz-Kwasniok: »Auch, wenn es 49 zu 51 Prozent steht.« Kein Richter habe Lust, sich von sparwilligen Vätern Stunde um Stunde vorrechnen zu lassen, die das Kind bei ihnen verbringe, um unterhaltstechnisch besser wegzukommen. Aber auch Frauen schauten an diesem Punkt genauer hin: »Wenn sie einen halben Nachmittag abgeben an den Vater, ist es plötzlich eine hälftige Betreuung und der sichere Kindesunterhalt ist weg.«

So wurde es generell bislang gehandhabt. Doch das Unterhaltsrecht im Wechselmodell wird die Richter landesweit immer stärker fordern, weil mehr Eltern es ausüben und um Nuancen streiten. Womöglich wird deshalb vor Gericht, selbst wenn es eine 50:50-Regelung gibt, demnächst doch um Stunden gerungen, und zwar mit Facetten, die bislang vor Gericht gar keine so große Rolle spielten – da war ein Tag ein Tag und wurde als solcher gezählt. Doch Martina Mainz-Kwasniok betreut eine Mandantin, die auch einzelnen Wochentagen eine unterschiedliche Betreuungswertigkeit zuordnet. Die Anwältin beschreibt den Fall so:

Die Mandantin teilt sich die Betreuung ihres Kindes paritätisch mit dem Vater, eigentlich. Doch die Mutter plädiert gegen die Bezeichnung »Wechselmodell«, sie spricht von »erweitertem Umgang«. Ihre Argumente: Montags bis donnerstags sei das Kind bis abends in der Schule – da müsse an Tagen, wo das Kind beim Vater sei, tagsüber auch nur wenig betreut werden. Freitags aber komme das Kind schon mittags nach Hause – also sei mehr Betreuung nötig, die sie, die Mutter, zu leisten habe, weil das Kind dann bei ihr sei. Insgesamt sei das Kind also mehr bei ihr als beim Vater, ergo sei der komplette Kindesunterhalt fällig. »Wir sind noch im außergerichtlichen Geplänkel«, sagt die Anwältin. Doch die Mandantin sage, bevor die Betreuungssituation als Wechselmodell gewertet werde, wechsle sie die Arbeitsstelle, sodass sie mehr Zeit zu Hause verbringe und sie das Kind dem Vater seltener geben müsse.

Auch die Familienanwältin ist gespannt darauf, ob sich das Gericht auf diese Argumentation einlassen wird. Bislang werden bundesweit im Wechselmodell nur selten Unterhaltsstreitigkeiten vor Gericht gebracht (vgl. OLG Düsseldorf 12.1.2001). Martina Mainz-Kwasniok wundert das nicht: »Bei den Eltern, die sich über den Unterhalt streiten, fehlt oft auch die Basis, das Wechselmodell mit vollem Herzen zu tragen.«

Dennoch: Versteht sie ihre Mandantin mit ihrer Was-ist-ein-Tag-wert-Argumentation? Die Anwältin denkt einen Moment nach. »Ich kann das verstehen in dem Moment, wo es echt an die Existenz geht.« Da, wo man knapp über Hartz IV arbeite und das Wechselmodell dazu führe, dass noch mehr Geld fehle.

Da drängt sich die Frage auf: Ist das Wechselmodell nur

für Elternteile praktikabel, wenn beide einigermaßen verdienen? Nein, wie das folgende Beispiel zeigt. Bei Christine (34) und Lukas (4) ist das Geld knapp. Mit Hartz IV und Kindergeld lassen sich keine großen Sprünge machen. Lukas lebt eine Woche bei seiner Mutter und eine Woche bei seinem Vater, der allerdings in der Privatinsolvenz steckt.

»Manchmal habe ich am Monatsende fünf Euro übrig.« Christine bekommt Hartz IV. Das bedeutet: Rechnen, täglich

Auf dem Kühlschrank in der Mama-Wohnung pappt ein Zettel, unterteilt in Wochentage. Neben »Samstag« und »Dienstag« ist jeweils ein fettes, buntes Bonbon aufgemalt. »Lukas durfte sich zwei Tage aussuchen, an denen er Süßigkeiten essen darf«, sagt Christine. Mit Hilfe dieser kleinen Tabelle weiß der Vierjährige nun genau, wann Bonbon-Tag ist. »Regeln müssen sein«, sagt seine Mutter.

Mit Maßhalten kennt sich Christine aus, das muss sie täglich. Die 34-jährige gelernte Einzelhandelskauffrau ist zurzeit nicht berufstätig. Viel Geld hat sie nicht zur Verfügung: Sie bekommt 364 Euro für sich, das ist die Regelleistung der ARGE für Alleinerziehende. Bei Hartz-IV-Familien gilt: Das Kindergeld wird komplett auf das Sozialgeld für Kinder angerechnet. Das bedeutet: Lukas stehen eigentlich 215 Euro zu. Doch davon werden die 184 Euro Kindergeld abgezogen. Bleiben 31 Euro ARGE-Geld für Lukas.

So sieht Christines Budget im Monat aus:
364 Euro ARGE-Regelleistung
184 Euro Kindergeld
31 Euro ARGE-Regelleistung für Lukas
= 579 Euro im Monat für Lebensmittel, Kleidung, Handy etc.

Damit muss Christine also auskommen. Die Miete für die kleine Zwei-Zimmer-Wohnung zahlt auch die ARGE. Im Wohnraum steht ein Schlafsofa für Christine. Lukas hat ein eigenes Zimmer, direkt rechts ab vom Flur. Sein Bett hat die Form eines riesengroßen, knatschroten Feuerwehrautos. Das Beste: die Ablage am Kopfende mit Blaulicht drauf. Das dreht sich blau-flackernd, wenn man es anstellt. »Abends sieht das toll aus«, sagt Christine. Das Bett haben die Großeltern bezahlt, ein Sonderangebot. Lukas soll es schön haben.

579 Euro also. Von dem Geld gehen noch einmal etwas mehr als 55 Euro Monatsbeitrag für den Kindergarten weg, die gleiche Summe zahlt der Vater. Lukas ist in einer privaten Elterninitiative angemeldet, die ist teurer als eine städtische Einrichtung. Aber den Eltern ist es das wert: »Wir wollten den Kindergarten nicht wechseln nach der Trennung, weil er so ein fester Bezugspunkt ist für Lukas.«

Lukas ist ein beliebtes Kind, er wird oft zu Geburtstagen eingeladen – jedes kleine Geschenk, eine Spielfigur oder ein Auto, kostet wieder ein paar Euro. Und trotzdem, Christine kommt aus mit dem Geld: »Ich habe mein Haushaltsgeld gut im Griff.« Inklusive gesunder Ernährung mit Obst und Gemüse: Beim Einkaufen vergleicht sie Preise, rechnet nach und freut sich, wenn sie wieder ein günstiges Sonderangebot entdeckt hat.

»Manchmal gelingt es mir sogar, am Monatsende noch fünf Euro übrig zu haben.« Für Christine selbst allerdings bleibt nichts mehr übrig. »Macht nichts«, sagt sie. »Ich habe wenig Bedürfnisse, Schuhe oder Handtaschen, das brauche ich nicht.« Lieber gebe sie zehn Euro mehr für Lukas aus. Kindersachen kauft sie im Second-Hand-Laden oder auf dem Kirchenbasar. »Bei einer Hose für 1,50 Euro ist es auch nicht schlimm, wenn sie kaputtgeht. Bei einer 30-Euro-Jeans wäre das schon anders ...«, überlegt sie.

Während des Gesprächs piept Christines Handy – eine

SMS von Lukas' Vater. Sven schreibt: »Hallo, heute treffen? In der Stadt gibt es 25 Prozent auf alle Kindersachen.« Christine lächelt: »25 Prozent, das ist doch mal was!«

Eigentlich stünde Sven die Hälfte des Kindergeldes zu, doch er ist damit einverstanden, dass Christine die Summe komplett erhält. So stellen sie sich beide finanziell besser, meinen Christine und Sven.

Lukas ist bei Christine gemeldet, so musste sie als Hartz-IV-Bezieherin bei ihrer zuständigen ARGE nicht um mehr Wohnraum kämpfen. Väter, die Hartz IV beziehen und ihr Kind hälftig betreuen, müssen diesen Mehrbedarf an Wohnraum in ihrem zuständigen ARGE-Büro erklären und darauf hinweisen, dass der Lebensmittelpunkt ihres Kindes auch bei ihnen liegt.

Im März 2009 reagierte das Bundessozialgericht auf das von Hartz-IV-Empfängern praktizierte Wechselmodell. Der Fall: Die ARGE wollte einer Mutter, die ihr Kind paritätisch mit dem getrennt lebenden Vater betreut, den Mehrbedarf für Alleinerziehende komplett streichen. (Mehrbedarf: Erzieht ein Elternteil das Kind alleine, so bekommt er mehr Geld als den üblichen Hartz-IV-Regelsatz.) Das Bundessozialgericht entschied zugunsten des Wechselmodells: Jeder Elternteil hat bei Betreuung im paritätischen Wechselmodell Anspruch auf den halben Mehrbedarf.

Nach der Trennung: einer arm, einer reich? Es geht anders

Wie halten wir es mit dem Unterhalt? Vor dieser Frage standen Thorsten und Katharina, als sie sich 1999 trennten. Thorsten verdiente als Anwalt schon relativ gut, Katharina hatte als Buchhändlerin in Teilzeit ein deutlich geringeres Einkommen und fürchtete das Armutsloch im Wechselmodell. Thorsten, der das Wechselmodell unbedingt wollte, machte ihr einen Vorschlag: »Lass uns das Nettogehalt, das wir gemeinsam haben, zusammenwerfen und durch zwei teilen. Das, was dir dann fehlt, zahle ich dir.«

Unter diesen Bedingungen stimmte auch Katharina dem Wechselmodell zu. Für Thorsten ist sein Angebot von damals auch heute noch, Jahre später, folgerichtig: »So hatten unsere Söhne bei beiden Eltern das gleiche wirtschaftliche Niveau.« Denn das habe er nicht gewollt: »Dass die Kinder erleben, bei Mama müssen wir knapsen, und bei Papa geht alles.«

Als Thorsten sich 2006 neu verliebte und mit einer anderen Frau eine Tochter bekam, sagte er seiner Ex-Frau, dass er die Unterhaltszahlung in einem Jahr einstellen wollte. »Da war meine Ex-Frau auch mit einverstanden.« Katharina stockte damals auf eine volle Stelle auf. Die Söhne, Simon und Felix, waren damals schon im jugendlichen Alter und nahmen es gelassen hin, dass die Mutter nachmittags erst später von der Arbeit kam.

Dieses Beispiel schaut sich die Familienanwältin Martina Mainz-Kwasniok mit Interesse an. Es bestätigt ihre Theorie, dass im Wechselmodell der finanziell potentere Elternteil oft mehr zahlt, als er eigentlich müsste.

Meist sei die Situation zunächst sehr klassisch: »Der Mann hat die Geldmacht, die Frau die Macht über die Kinder.« So stehe man sich zu Beginn gegenüber. »Wenn der Mann erkennt, die Mutter wird die Kinder dann loslassen, wenn sie keine finanziellen Nachteile hat, dann liegt die Einigung eher auf der Hand.« So großzügig, wie er mit dem Geld sei, werde sie mit den Kindern sein. Im Umkehrschluss allerdings laufe es so: »In dem Moment, wo er anfängt, kleinlich zu sein, und wo sie anfangen muss, ihn auf Unterhalt zu verklagen, in dem Moment wird sie sich fragen: Wie soll ich denn mit dem ein Wechselmodell machen?«

Wichtig hier: Die Eltern sollten ihre Vereinbarungen schriftlich festhalten. Ein Notar ist nicht nötig. Sollte es jedoch zum Streit kommen und etwa der Mann willkürlich seine Zahlungen einstellen wollen, dann könnte sich die Frau auf die schriftlichen Vereinbarungen beziehen. Denn davon können sich die Eltern nur lösen, wenn sich etwas verändert hat, wie es der Fall von Thorsten zeigt. Er hat neu geheiratet und mit seiner neuen Frau ein gemeinsames Kind. Diese Veränderung ist so gravierend, dass er seine Unterhaltzahlung an seine Ex-Frau nach Ankündigung einstellen kann.

Wer zahlt die Klassenfahrt? Die neuen Schuhe? Der Kindesunterhalt deckt nicht alle Kosten

Kindesunterhalt ist eine Sache. Mehrbedarf eine andere.

Im Wechselmodell geht es nicht nur um die Regelung des Kindesunterhalts. Wenn der einmal geklärt ist, beginnt der finanzielle Alltag. Und der hat, wenn Wechselmodell-Eltern nicht aufpassen und vorbeugen, oft noch mehr Brisanz in sich als die zunächst vermeintlich größeren Streitfragen rund um die gesetzlich vorgesehenen Zahlungen.

Das beginnt ganz banal. Das Kind braucht Nachhilfe? Wer zahlt? Turnverein, Klassenfahrt, neue Kleidung, Geschenk für den Kindergeburtstag … Welcher Elternteil zahlt wann was? Renate und ihr Ex-Mann regeln die Alltagsausgaben wie viele andere Eltern auch – eben einfach so. Mit manchmal Wut im Bauch.

Max (12) hat in den Sommerferien bei einem Fechtkurs mitgemacht. Schnell ist ihm klar: »Das wird mein neues Hobby! Das ist total cool.« Mutter Renate sagt gerne »Ja«, Sport ist immer gut, allemal besser als nur PC-Spiele. Ihr »Ja« wird etwas kläglicher, als Max nach einigen Trainingsstunden im normalen Sportoutfit nach einer Fechtausrüstung verlangt. Nur damit dürfe er bei Turnieren mitmachen. Der Blick ins Internet zeigt: Fechthose, -jacke, Elektro-Weste plus Florett samt Kabel – beim Neukauf gehen flott 500 Euro über die Wupper.

Eine solche Summe schafft Renate nicht mal so eben. Das große Sparen ist monatlich sowieso schon nicht drin. »Aber trotzdem habe ich nicht erst überlegt, ob Max' Vater da mitzahlt«, erinnert sich Renate, selbst ein wenig überrascht. Sie ging anders vor: ersteigerte gebrauchtes Fechtzeug und fand die fehlende Hose secondhand in einer Online-Kleinanzeige. »Da waren es insgesamt nur noch 180 Euro, aber immerhin …« Das Florett bekam Max zum Geburtstag geschenkt – vom Freund der Mutter. Max' Vater war bei den Anschaffungen nicht beteiligt, wohl aber an der Entscheidung, ob Max in den Verein gehen darf. »Da hat er auch sofort zugestimmt«, sagt Renate. Ob er die Ausrüstung mitzahle, habe sie ihn allerdings auch im Nachhinein nicht gefragt, und er habe sich auch nicht informiert.

»So läuft das meistens bei uns«, erzählt Renate. Auf einer Art »kurzer Dienstweg«: Der eine zahle dies, der andere das. Manchmal, wenn Renate findet, dass sie im Vergleich zum Ex-Mann zu viele Ausgaben finanziere, frage sie nach einer Beteiligung. »Das klappt dann auch irgendwie.« Aber sie kommt sich ein wenig bittstellerisch vor.

Natürlich laufe das nicht immer superharmonisch. Alter Ärger schwele ab und an durch, kleine Spitzen gegeneinander, gerne vom Ex-Mann zur Ex-Frau. Letztens zum Beispiel: »Ich bin mit Max in den Wanderurlaub gefahren, ganz billig, aber dennoch teuer für mich, weil Max ja auch eine Woche länger bei mir war als sonst.« Da habe sie den Vater um einen Zuschuss für den Sohn gebeten. »Der kam dann auch, aber nicht an mich, sondern er hat Max 100 Euro gegeben und ihm gesagt, er solle mir etwas für die Reisekosten geben, der Rest sei Taschengeld.« Da, so erinnert sich Renate, habe sie sich sehr schlecht gefühlt: Der Vater zeige sich dem Sohn gegenüber als großer Gönner und übergehe dabei sie, die Mutter: »Das fand ich mies.«

Sie habe dann Max vorgerechnet, was der Urlaub koste. Dass sie als Mutter die 100 Euro deshalb nicht so großzügig empfinde, das habe sie dem Sohn erklärt. Dafür sei er alt genug, meint Renate. Und fühlt sich wieder ein wenig mies: Eigentlich will sie das Kind doch aus solchen Diskussionen heraushalten. Und sollte so etwas nur mit dem Vater besprechen. Eigentlich.

Vorschlag: Das gemeinsame Kinderkonto

Renate und ihr Ex-Partner haben nie richtig geklärt, wie sie die Alltagsausgaben für die Kinder regeln. Da mag vieles mit hineinspielen: alte Schuldgefühle, der Anspruch, alles »irgendwie alleine zu schaffen« auf der einen Seite, Bequemlichkeit auf der anderen. Warum auch sollte sich Renates Ex-Partner mit Zahlungen für die Fechtsachen aufdrängen, wenn er nicht danach gefragt wird? Und vielleicht weiß Max' Vater gar nicht, dass er seine Ex-Frau kränkt, indem er dem Sohn das Geld gibt?

Sicher ist jedenfalls eines: Max will mit solchen Geschichten nichts zu tun haben. »Das sollen die Großen unter sich ausmachen«, sagt der Zwölfjährige, in Geld-Streitereien will er keinesfalls hereingezogen werden. Und damit befindet er sich in großer Gesellschaft: Trennungskinder hassen es, in Auseinandersetzungen wie diese verwickelt oder gar zu einer Bewertung gedrängt zu werden.

Die Familienanwältin Martina Mainz-Kwasniok plädiert für Klarheit. Renates Ärger-Faktor könnte deutlich verringert werden, und zwar auf ganz einfache Weise: »Ich empfehle immer, ein Kinderkonto einzurichten.« Ein Kinderkonto, das hauptsächlich durch das Kindergeld gespeist wird. Beide Elternteile verfügen über eine EC-Karte und die Kontoberechtigung. »Eine Voraussetzung ist, dass beide einander vertrauen.« Von diesem Konto aus werden sämtliche Fixkosten bezahlt – vom Sportverein-Beitrag bis hin zur Nachhilfe. Auch das Geld für Schuhe und Kleidung stammt von diesem Konto.

Meistens, so die Erfahrung der Anwältin, reicht das Geld, manchmal ist sogar noch etwas übrig für Rücklagen.

Aber vielleicht ist das Konto doch mal leer und eine größere Ausgabe steht an – etwa die teure Sportausrüstung. Für diesen Fall rät die Anwältin wieder zum Blick auf die Quote: Welcher Elternteil verdient wie viel vom Gesamteinkommen? In diesem Verhältnis müsste der Finanzkräftigere dann auch das Kinderkonto bezuschussen: sein fairer Beitrag zu den Alltagsausgaben seines Kindes, findet die Anwältin.

Auf jeden Fall ist die Unterhaltszahlung im Wechselmodell ein Thema, das die Familiengerichte zunehmend beschäftigt. Denn immer mehr Familien möchten wissen, wie eine finanzielle Regelung aussehen könnte, welche Spielräume es gibt, was unterhaltsrechtlich womöglich eine Rolle spielt. Weitere aktuelle Rechenbeispiele finden sich in der juristischen Fachzeitung FamRZ, Ausgabe 2012, Heft 4.

Funktionierendes Wechselmodell: weniger Streit ums Geld

Eltern, die dieses Familienmodell leben, erzählen übereinstimmend: Im funktionierenden Wechselmodell gibt es – nach einer gewissen Eingewöhnungszeit – weniger Streit um das Geld. Wenn es ein Ja zu dieser Lebensform gibt, und das Wohl des Kindes im Vordergrund steht, streiten Eltern plötzlich nicht mehr über jeden Euro im Alltag. So ist es etwa auch bei Bastian und Eva. Die beiden leben mit der siebenjährigen Anna ein paritätisches Wechselmodell. Finanziell ist es bei beiden immer eng, manchmal hart am Rande des Existenzminimums, weil der Handelsvertreter und die Erzieherin nicht viel verdienen.

Jetzt stand eine Klassenfahrt an, 180 Euro teuer für vier Tage. Eigentlich wollen Bastian und Eva solche Ausgaben teilen, aber diesmal ging das nicht – Eva hatte das Geld nicht übrig. »Da habe ich die Klassenfahrt komplett bezahlt«, sagt Bastian, und in seiner Stimme klingen weder Vorwurf noch Stolz mit. Es war diesmal eben so, beim nächsten Mal ist es vielleicht andersherum. Es gehe doch um Anna.

7. Das Rechtliche

Beim Regelumgang ist es eindeutig: Das Kind hat seinen Lebensmittelpunkt bei dem Elternteil, bei dem es am meisten ist, meist der Mutter. Im Wechselmodell stellen sich plötzlich ganz andere Fragen:

Wo wird das Kind gemeldet? Und was bedeutet das? Wer bekommt das Kindergeld? Was ist mit der Krankenversicherung?

Eltern, die das Wechselmodell wollen, begeben sich rechtlich auf Neuland.

Dem deutschen Melderecht ist diese Lebensform bislang egal, es kennt sie nicht einmal. Das bedeutet: Ein Kind kann nicht an zwei Wohnsitzen gleichberechtigt gemeldet sein, die Eltern müssen sich auf einen Hauptwohnsitz einigen. Auch muss ein Bezugsberechtigter für das Kindergeld angegeben werden, die Familienkasse überweist niemals hälftig. Was tun?

Das Kindergeld wird nicht hälftig ausgezahlt – auch nicht beim Wechselmodell

Wenn Eltern zwei Kinder haben, scheint es relativ einfach. Sie regeln es oft wie Gernot und Heike mit ihren beiden Kindern Tim und Isabell: »Bei jedem von uns ist ein Kind gemeldet.« Das Kindergeld für beide Kinder landet zurzeit komplett bei Heike – es ist ein Teil des Kindesunterhaltes, den Heike und Gernot ausgehandelt haben.

Bei diesem Beispiel schreckt die Familienanwältin Martina Mainz-Kwasniok auf: »Hier steckt eine schlimme Falle!« Denn das Kindergeld geht immer zu dem Elternteil, bei dem das Kind gemeldet ist. »Bei Heike und Gernot kann es zu riesigen Problemen kommen!« Sobald der Familienkasse auffalle, dass das Geld nicht dorthin überwiesen werde, wo das Kind gemeldet sei, werde sie das Geld von Heike zurückfordern. »Womöglich muss Heike Tausende von Euro zurückzahlen, die dann dem Vater für Tim überwiesen werden.« Ob die Eltern das anders vereinbart hatten, interessiere die Familienkasse nicht.

»Wenn Gernot fair ist, leitet er das Geld dann wieder an Heike zurück.« Wenn Gernot das Kindergeld aber einfach behalten würde, wäre das schlecht für Heike. »Dann hat Heike keine Chance, das Geld zurückzuerhalten!«

Ihr Rat: Eltern-intern getroffene Absprachen müssen unbedingt auf ihre rechtliche Verbindlichkeit überprüft werden. Und Heike sollte dringend die Familienkasse informieren, dass Tim bei seinem Vater gemeldet ist. Vielleicht überlegen sich die Eltern doch, ein Kinderkonto einzurichten?

Wo hat das Kind seinen Wohnsitz?

»Am melderechtlichen Wohnsitz hängt also mehr, als man denkt«, sagt Martina Mainz-Kwasniok. Zwar steht im Bundesgesetzbuch festgeschrieben: Kinder teilen den Wohnsitz ihrer Eltern. »Leider gilt das bislang nicht für das Wechselmodell, zwei Heimatadressen gibt es nicht.« Deshalb sollten Väter und Mütter abwägen, wo sie nach der Trennung ihre Kinder anmelden – und warum.

Denn der Wohnsitz ist mit Konsequenzen verknüpft, an die Eltern meist nicht denken. Neben der Frage, wer das Kindergeld beziehen soll, betrifft die Wahl des Wohnsitzes auch ganz profane Regelungen wie etwa den Anspruch auf Fahrtkostenzuschuss. »Wenn ein Elternteil weiter von der Schule weg wohnt und das Kind den Bus nehmen muss, dann wäre es ratsam, das Kind dort anzumelden.« Andernfalls gibt es eben keinen Cent dazu zur täglichen Busfahrt.

Auch die Gebührenfrage könne eine Rolle spielen. Beispiel: Der vierjährige Oskar geht in den Kindergarten. Er ist bei seinem Vater gemeldet, der mehr verdient als seine Mutter. Schwupps – verlangt die Gemeinde den höheren Beitragssatz.

Anwältin Mainz-Kwasniok rät zum genauen Hingucken: »Man muss die Auswirkungen der Meldesituation für den eigenen Fall kennen und dann entscheiden, was im Einzelfall sinnvoll ist.« Wichtig sei aber auch, auf Ängste zu achten: »Vielleicht sagt eine Mutter nur dann ›ja‹ zum Wechselmodell, wenn das Kind bei ihr gemeldet ist.« Auch wenn sich das finanziell erst mal negativ auswirke.

Wie könnte die Angst der Mutter aussehen? Vielleicht so: Kind ist beim Vater gemeldet. Es kommt zum Streit, der Vater beantragt das alleinige Aufenthaltsbestimmungsrecht. Er sagt als Beweis: Das Kind ist sowieso schon längst bei mir gemeldet. Das gelebte Wechselmodell wird unterschlagen.

»In so einem Fall kann man das im Verfahren immer noch geraderücken und das Wechselmodell beschreiben«, sagt Mainz-Kwasniok. Aber man könne niemals voraussagen, wie der Richter entscheide. Wie er es werte, dass das Kind nicht bei der Mutter gemeldet sei. »Wenn also eine Mutter solche Ängste hat, würde ich immer versuchen zu erreichen, dass das Kind bei ihr gemeldet ist.«

Sollten Eltern ihre Vereinbarungen bei einem Notar schriftlich festhalten?

Der Gang zum Notar ist nicht erforderlich, es reicht aus, wenn die Eltern ihre Vereinbarungen schriftlich festhalten. Ein solcher Vertrag kann den Eltern möglicherweise Sicherheit geben. Es kann sinnvoll sein, das Wechselmodell zu beschreiben und festzuhalten, warum das Kind bei der Mutter (oder dem Vater) gemeldet ist. So können Eltern im Streitfall vor Gericht argumentieren. Doch so eine schriftliche Vereinbarung kann immer nur vorübergehend gelten. Denn »alles, was den Aufenthalt des Kindes betrifft, ist nicht bindend, weil sich im Leben des Kindes immer etwas ändern kann«, sagt die Anwältin.

Darüber hinaus haben manche Vereinbarungen vor Gericht keinen Bestand. »Ich habe eine Mandantin, die auf Kindesunterhalt verzichten will und das in den Notarvertrag schreiben wollte«, sagt Martina Mainz-Kwasniok. Doch dieser Verzicht geht nicht, er ist sittenwidrig – selbst wenn die Mutter es schriftlich geben würde, sei ihre Unterschrift nichtig.

Eine Mediation kann Eltern beim Aushandeln helfen

Im Vorfeld von schriftlichen Vereinbarungen rät die Anwältin zu einer Mediation. Dabei treffen die Elternteile auf einen unabhängigen Coach, der mit ihnen die Situation in jeder Facette ausleuchtet. Melderecht und gegebenenfalls damit verbundene Ängste, Kindesunterhalt, Wohnsituation, Betreuungsleistung – alles kann und sollte dort besprochen und ausgehandelt werden. Eine Mediation mündet bei Erfolg in eine Elternvereinbarung, die aufgeschrieben werden kann.

Eine Voraussetzung, damit Eltern aus einer Mediation ohne Groll herausgehen können: »Während der Mediation sollte sich jede Partei von einem eigenen Anwalt beraten lassen.« Dabei gehe es nicht darum, in den Kampf zu ziehen. Doch bei einer Mediation müsse jede Partei genau über ihre Situation Bescheid wissen, Nuancen ausleuchten, Konsequenzen kennen. Bedeutend sei dies gerade in Unterhaltsfragen. Denn alles, was den nachehelichen Unterhalt betreffe, sei mit schriftlicher Vereinbarung erst einmal bindend. »Deshalb ist es so wichtig, dass jede Partei genau weiß, worauf sie sich einlässt, und in der Mediation ihren Standpunkt vertreten kann.«

Je mehr man die Vor- und Nachteile seiner Situation kenne, desto bewusster und angstfreier könne eine Mutter, ein Vater Entscheidungen treffen. »Vielleicht macht mir ja die Gegenseite ein Angebot, das ich erst in der Mediation erkennen und schätzen kann.«

Wenn es Eltern schon nicht gelänge, sich während der Trennungsphase zur Mediation an einen Tisch zu setzen, »dann ist die Hürde natürlich enorm hoch, später die ganzen Alltagssorgen, die man ja miteinander teilt, zu lösen«.

Und gemeinsame Entscheidungen gibt es zuhauf im Wechselmodell, einige mehr als in der herkömmlichen Trennungsfamilie.

Gemeinsames Sorgerecht – wer entscheidet was? Die rechtlichen Vorgaben im Praxistest

Gemeinsames Sorgerecht ist seit dem neuen Kindschaftsrecht von 1998 Alltag in deutschen Trennungsfamilien. Es bedeutet, dass Eltern Entscheidungen, die das Leben des Kindes weitreichend beeinflussen, zusammen treffen müssen. Das heißt aber nicht, dass Eltern auch alle Entscheidungen im Alltag gemeinsam klären müssen.

Im klassischen Regelumgang ist meist die Mutter die »Hauptbezugsperson«, sie hat das »Aufenthaltsbestimmungsrecht« und darf über alle Alltäglichkeiten allein entscheiden. So regelt der § 1687, BGB die sogenannte »Alleinentscheidungsbefugnis«. Aber wie ist das im Wechselmodell? Da haben ja, zumal bei paritätischer Zeitaufteilung, beide Elternteile die gleiche Menge Alltag.

Die Praxis zeigt: Die meisten Familien, die im Wechselmodell leben, machen sich über Begriffe wie »Hauptbezugsperson« oder »Aufenthaltsbestimmungsrecht« gar keine Gedanken. De facto: Der Elternteil, wo das Kind gerade wohnt, entscheidet über das, was gerade im Alltag ansteht.

Wenn der kleine Lukas (4) gerade kränkelt und bei seinem Vater Sven ist, geht der eben mit ihm zum Arzt. Und zwar ohne Rücksprache zu halten mit Mutter Christine. »Sven geht mit Lukas schneller in die Sprechstunde als ich«, sagt Christine, »sogar bei jedem Schnupfen, den ich zu Hause kurieren würde.« Die Krankenkasse, eine gesetzliche Versicherung, hat jedem Elternteil eine Versicherungskarte ausgestellt.

Für größere Vorkommnisse haben Christine und Sven Absprachen getroffen, dass sie sich gegenseitig informieren und die weiteren Schritte besprechen. »Lukas muss die Polypen herausbekommen, da klären Sven und ich gemeinsam, wann das gemacht wird und wer sich hinterher um Lukas kümmert.«

In so einem Fall ist es klar: Eine Polypen-Operation, nicht sofort nötig und kein Notfall, fällt unter die gemeinsame Sorge: Hier müssen beide Eltern gemeinsam entscheiden, ob sie die Operation wollen oder nicht, kein Elternteil hat die sogenannte »Alleinentscheidungsbefugnis«. Kränkelt der kleine Lukas jedoch, dann darf Wechselmodell-Vater Sven nach gängiger Rechtsprechung ihn vom Arzt mit Medikamenten behandeln lassen, ohne vorher die Mutter zu fragen.

Doch längst nicht immer ist beim Wechselmodell die Entscheidungsbefugnis im Alltag so eindeutig – der § 1687, BGB hängt rechtlich oft in der Luft. »Tatsächlich gibt es in der juristischen Literatur zwei Wege, wie im Wechselmodell mit der Alleinentscheidungsbefugnis umgegangen wird«, erklärt Anwältin Martina Mainz-Kwasniok. Der erste – seltene – Weg verlangt, nach § 1687, BGB müssen sich Wechselmodell-Eltern immer einig sein in Alltagsdingen. »Realitätsfern«, sagt die Anwältin. Wer könne sich schon wegen jeder Kleinigkeit absprechen. So sei die zweite Auslegung des § 1687, BGB gängig: Der Elternteil, bei dem die Alltagsprobleme auftreten, darf sie ohne Absprache auch lösen.

Also noch einmal: Wichtige Dinge, die das Leben und den Werdegang des Kindes beeinflussen können, müssen von beiden Eltern gemeinsam entschieden werden. Beispiel: Der elfjährige Maik möchte in der Schule Französisch als zweite Fremdsprache wählen. Da ist eine eindeutige Elternmeinung gefragt, schließlich können Maiks Sprachkenntnisse wichtig sein für seinen Werdegang, für seine Entwicklung.

Doch direkt hinter den großen Entscheidungen beginnt die nicht weniger große Grauzone des § 1687 BGB: Tim (12) möchte in die Theater-AG seiner Schule eintreten. Im normalen Regelumgang, also, wenn Tim bei seiner Mutter lebte, hätte der Vater mit dieser Entscheidung gar nichts zu tun. Sie beträfe ihn nicht und auch nicht seine Umgangszeit mit Tim. Doch im Wechselmodell kann die Entscheidung für Tims Theater-AG durchaus in die Entscheidungsbefugnis des Vaters eindringen, »weil der vielleicht an dem Theater-AG-Tag mit Tim was anderes machen möchte«, beschreibt die Rechtsanwältin. Da rutsche manche Entscheidung mehr in die gemeinsame Sorge hinüber: Absprachen sind fällig.

Es kann passieren, dass Eltern sich nicht einigen können. Etwa: Soll die zehnjährige Tochter auf eine Realschule gehen oder auf eine Gesamtschule? »In so einem Fall entscheiden die Richter, wer in diesem einzigen Fall die Alleinentscheidungsbefugnis hat.« Dies gilt natürlich – bei einer so wichtigen Frage – für alle Eltern mit gemeinsamem Sorgerecht, egal, nach welchem Modell sie leben. Martina Mainz-Kwasniok hatte in ihrer jahrelangen Praxis nur drei solcher Fälle, sie sind sehr selten.

Und wenn beispielsweise Lukas' Vater die Polypen-Operation ablehnen würde? Auch dann würde letztlich ein Richter entscheiden, welcher Elternteil in dieser Frage das Sagen hat. Der Richter würde nicht sagen: »Lukas wird an den Polypen operiert.« Sondern er würde dem Elternteil diese einzelne Entscheidung zubilligen, dessen Argumenten er am meisten folgt.

Weil solche Fragen nur sehr selten vor Gericht verhandelt werden, gibt es auch keine umfangreiche Beispiel-Liste, an der Eltern sich entlanghangeln können. Jedes Elternpaar muss für seine Kinder eigene Regelungen treffen.

Martina Mainz-Kwasniok versucht, in ihren Mediationen solchen Fragen auf die Spur zu kommen, bevor sie überhaupt auftreten: »Bei potenziellen Wechselmodell-Eltern überlegen wir möglichst fantasiereich, welche Entscheidungen gefragt werden könnten, irgendwann, und wie die Eltern dann vorgehen wollen.«

Das Wechselmodell kommt!
Immer mehr Familien entscheiden sich dafür

Wie viele Familien leben in Deutschland das Wechselmodell? Darüber gibt es keine Zahlen. Die meisten Väter und Mütter leben es mit ihren Kindern, ohne dass es irgendeine Behörde mitbekommt. Das Wechselmodell muss keinem

Jugendamt mitgeteilt werden, und im Einwohnermeldeamt wird es weder berücksichtigt noch statistisch erfasst. Auch während einer Scheidungsverhandlung fragen die Richter meist nur, ob das Sorgerecht geregelt ist. Nahezu nie sollen sich die Eltern dazu äußern, wie sie die Betreuung des Nachwuchses künftig regeln werden.

So wird das Wechselmodell in Deutschland zumeist nur dann aktenkundig, wenn sich Eltern darum streiten. Aus diesen Anlässen ziehen Eltern vor Gericht:

Ein Elternteil, meist der Vater, möchte den Ex-Partner mit gerichtlichem Nachdruck überzeugen, das Wechselmodell zu leben und seine Auswirkungen finanziell anzuerkennen.

Ein Elternteil, oft die Mutter, möchte das Wechselmodell nicht mehr und will den Ex-Partner zwingen, es aufzugeben.

In beiden Fällen müssen die Eltern über Umwege versuchen, ihr Ziel zu erreichen. Denn das Gesetz – wie gesagt – erkennt das Wechselmodell nicht als Wahlmöglichkeit an.

Jörn zog für das Wechselmodell vor Gericht. »Für mich ist das zentral: Ich werde als gleichwertiger Elternteil angesehen.«

Jörn hat es erfolgreich durchgezogen. Seine Situation: Seit der Trennung im Jahr 2006 lebte er mit seiner Ex-Frau Verena und den drei gemeinsamen Kindern faktisch das Wechselmodell. Die Zwillinge, Marie und Jennifer, damals zweieinhalb, und der Sohn, Hannes, damals vier, wurden paritätisch von Vater und Mutter betreut, aber Jörn bezahlte monatlich den kompletten Kindesunterhalt an seine Ex-Frau, mehr als 700 Euro. »Das konnte ich nicht mehr schaffen«, sagt Jörn unumwunden, »den ganzen Unterhalt plus die komplette Betreuung bei mir.« Er wollte seine Ex-Frau dazu bringen, das paritätische Wechselmodell anzuerkennen und entsprechend weniger Kindesunterhalt zu verlangen.

Aber wie? Jörn zog Mitte 2010 vor das Familiengericht mit der Forderung, das Aufenthaltsbestimmungsrecht für seine Kinder zu bekommen. Das war reine Strategie: »Ich habe der Richterin direkt gesagt, ich will das Wechselmodell, aber das kann ich ja nicht einklagen.« Die Richterin durchleuchtete daraufhin die Situation und kam zu dem Schluss, dass diese Familie tatsächlich ein Wechselmodell lebt. Ganz wichtig: Verena stimmte dieser Sichtweise zu. Eine gerichtliche Vereinbarung regelt seitdem über sieben Seiten ganz genau, wann die Kinder bei welchem Elternteil sind. Und was Jörn weiter an Unterhalt zahlt: Knapp 300 Euro, egal, welches Einkommen die Mutter der Kinder bezieht. Jörn ist erleichtert: »Ich werde als gleichwertiger Elternteil angesehen, auch vom Gefühl her ist das ganz wichtig für mich.«

Und er weiß, dass es ohne die Zustimmung seiner Ex-Frau diese Regelung nicht gäbe: »Das Wechselmodell geht sowieso nicht ohne ein gewisses Maß an Kommunikation.« Wenn ein Elternteil das nicht wolle, weil es mit dem Ex-Partner nichts mehr zu tun haben wolle, dann könne es das Modell mit Leichtigkeit torpedieren.

Das Wechselmodell funktioniert nur, wenn alle wollen

Die Eltern können sich nicht einigen – dann wird in der Regel der Elternteil Hauptbezugsperson, der das Wechselmodell ablehnt. In diesem Sinne entscheiden auch bundesweit die Familienrichter: Im Juni 2010 lehnte das Oberlandesgericht Nürnberg den Antrag eines Vaters auf alleiniges Aufenthaltsbestimmungsrecht ab – auch er wollte das Wechselmodell. Die Kindesmutter hatte sich energisch dagegen ausgesprochen und ihrerseits das Aufenthaltsbestimmungsrecht zugesprochen bekommen. Der Vater versuchte danach, das Wechselmodell auf anderem Wege durchzusetzen: Er verlangte erweiterten Umgang, und zwar eine Woche lang im wöchentlichen Wechsel, faktisch also das Pendelmodell. Die Richter in Nürnberg wiesen auch diesen Antrag zurück, er entspräche nicht dem Kindeswohl. Vor allem deshalb nicht, weil die Eltern nicht in der Lage seien, miteinander Absprachen zu treffen. »Bei dem zwischen den Eltern bestehenden, ausgeprägten Streit- und Konfliktpotenzial spielt der Kindeswille nur eine untergeordnete Rolle«, heißt es in der Begründung der Richter.

Es gibt keine Vorschrift, die das Wechselmodell gebietet oder verbietet. Maßstab für die Familienrichter ist das Kindeswohl. Die Richter sind der Meinung, dass ein Wechselmodell erfolgreich nur dann praktiziert werden kann, wenn die Eltern sich einig sind. Gegen den Widerstand eines Elternteils kann das Wechselmodell nach Auffassung vieler Richter nicht gelingen. Beide Eltern müssen wollen (vgl. dazu OLG Koblenz, Beschluss vom 12.1.2010 Az 11 UF 251/09).

Etwas anders ist die Situation, wenn eine Familie das Wechselmodell erfolgreich praktiziert. Und dann ein Elternteil genug davon hat.

Thorsten erinnert sich noch ziemlich gut daran, dass seine Ex-Frau Katharina das Wechselmodell plötzlich beenden wollte. »Das war noch ziemlich frisch nach der Trennung, obwohl es gut klappte.« Schließlich wohnten die Ex-Partner nur ein paar Straßen weit auseinander, die Söhne, Simon und Felix, hatten sich, meint der Vater, gut an diese Lebensform gewöhnt.

»Und dann wollte meine Ex-Frau das Hälfte-Hälfte-Prinzip nicht mehr.« Thorsten wusste vage, dass Familiengerichte das Wechselmodell nicht anordnen können gegen den Willen eines Elternteiles. Also das Aus für das Wechselmodell, das man doch jetzt schon einige Monate praktizierte?

»Das hätte es sein können«, sagt Thorsten. Aber nicht im Sinne seiner Ex-Frau – das sagten, unabhängig voneinander, die auf Familienrecht spezialisierten Anwälte, bei denen Thorsten und Katharina Rat suchten. »Die Anwälte haben gesagt, wenn ein Elternteil das funktionierende Wechselmodell nicht mehr will, dann muss es einen Antrag beim Familiengericht stellen.« Es geht, mal wieder, um das alleinige Aufenthaltsbestimmungsrecht.

Die Krux dabei: Wer den Antrag stelle, die Kinder mehr bei sich zu haben, werde die Kinder letztendlich weniger bei sich haben. Warum das so sei, weiß Thorsten noch ganz genau: »Die Argumentation ist die: Wenn jemand Unfrieden in eine bestehende, funktionierende Regelung bringt, dann verliert er halt. Denn das ist nicht im Sinne des Kindeswohls.«

Manchmal empfehlen Fachleute das Wechselmodell: wenn der Streit ums Kind besonders heftig ist.

Erst langsam sammeln Beratungsstellen, Anwälte und Familiengerichte ihre Erfahrungen mit dem Wechselmodell. Sie empfehlen es gar – allerdings nicht unter den besten Voraussetzungen: Besonders in, wie es heißt, »hochstrittigen« Trennungssituationen bringen Fachleute vorsichtig das Wechselmodell aufs Tapet. Dann, wenn kein Elternteil auf das Kind verzichten will und jeder bis aufs Blut darum kämpft, dass Söhne und/oder Töchter bei ihm wohnen. Und zwar immer. »Dann raten wir dazu, dass die Kinder wechselweise wohnen«, sagt Ralf Stallbaum, Trennungsberater von der Diakonie in Wuppertal. So werde das Kind nicht aufgerieben zwischen den Elternteilen, weil jeder mit ihm zusammenlebe. So könne sich die Situation mit der Zeit entspannen.

Ähnliches haben auch Bastian und Eva erlebt. Eva war vor drei Jahren mit der damals vierjährigen Anna ausgezogen – gleich in eine 300 Kilometer entfernte Stadt. Bastian zog hinterher, nahm sich einen zweiten Wohnsitz in der neuen Umgebung seiner Ex-Partnerin. Als Handelsvertreter konnte er das stemmen.

Bastian wollte von Anfang an das Wechselmodell. Doch anfangs machte er etwas Wichtiges falsch – meint Bastian im Nachhinein. »Ich unterschrieb beim Jugendamt, dass ich mit dem herkömmlichen Umgangsrecht alle zwei Wochen von Freitag bis Sonntag einverstanden wäre.« Damit rückte das Wechselmodell in weite Ferne. Und Bastian vermisste seine Tochter. Und die, so erzählt er, den Vater.

Bastian zog die Einverständniserklärung zurück. »Es begann eine lange Tippel-Tappel-Tour«, Bastian suchte Unterstützung für eine andere, paritätischere Betreuungsvariante. »Doch viele Stimmen standen gegen mich.« Sachbearbeiter, Familienberater – sie alle sahen das junge Kind eher bei der Mutter, nicht, weil sie dem Vater etwas vorwarfen, nein, aus der Tradition heraus. »Ich habe oft genug überlegt, aufzugeben.«

Ein Lebensmittelpunkt in Kindesnähe, Flexibilität bei der Betreuung – Bastian blieb hartnäckig, suchte weiter das Gespräch mit der Mutter und zog schließlich vor das Oberlandesgericht Dresden. Dort fand er Gehör und erreichte im Dezember 2011 ein geradezu revolutionäres Urteil: Das Wechselmodell sei Pflicht für die getrennten Eltern, zum Wohle der kleinen Anna. »Der Richter hat gesehen, was ich alles möglich machte für meine Tochter.«

Ein Triumph für Bastian? Nein, wehrt er ab. Eher war ihm nach der Urteilsverkündung sorgenvoll zumute: »Ich hatte totale Angst, wie die Kindesmutter damit umgeht.

Wenn's der nämlich mit diesem Urteil schlecht geht, dann hilft mir das gar nicht.«

Aber manchmal gibt es Geschichten mit einer Art Happy-End. Die Mutter nahm das Urteil an. Anna ist jetzt eine Woche bei der Mama und eine beim Papa. Und was alle Beteiligten überrascht: Plötzlich ist auch die Luft heraus aus dem jahrelang schwärenden Konflikt zwischen den Ex-Ehepartnern. Vorwürfe, Ängste, Besitzansprüche: In diesem Fall gelingt es dem Gericht, einen Schlusspunkt zu setzen zugunsten eines Neuanfangs. Zum Wohl von Anna.

8. Miteinander leben im Wechselmodell: Vom Streiten und Loslassen

Eltern im Wechselmodell leben die gemeinsame Elternschaft intensiver als Väter und Mütter im Regelumgang. Sie müssen sich häufiger austauschen, sie müssen den Alltag ihrer Kinder gemeinsam organisieren. Das kann immer wieder zu Zankereien führen. Etwa indem alte Mechanismen aus dem gescheiterten Zusammenleben mit ins neue Modell getragen werden, sich neue Streit-Schauplätze bilden oder alte Verletzungen sich damit vermengen.

Wer hat mehr Schuld? Alte Verletzungen aus der Paarbeziehung sind nichts für die Kinder

So passiert es auch bei Jörn und Verena.

Morgens vor der Schule bei Jörn, die Kinder sind bei ihm. Verena hat Schichtdienst im Krankenhaus. Die Kinder sitzen beim Frühstück, als die Mutter anruft. »Dann sagt sie den Mädchen, dass sie Unterhemden und T-Shirts anziehen sollen. Als ob ich das nicht auch wüßte«, ärgert sich Jörn. »Dann sage ich Verena: Ich verstehe dich nicht, dass du dich da jetzt einmischst.«

Bei Verena klingt eine Situation wie diese ganz anders. Sie hält ihren Ex-Partner für »launisch, das war er immer schon«. Manchmal, wenn sie die Sehnsucht nach den Kindern packe, rufe sie eben bei ihrem Ex-Mann an, um zu erfahren, wie es den Kindern gehe, ob sie warm genug angezogen seien. »Und je nachdem, wie er gelaunt ist, redet mein Ex-Mann dann eine halbe Stunde mit mir. Oder gar nicht.«

Die Kinder bekommen die Unstimmigkeiten zwischen ihren Eltern durchaus mit. »Ist eigentlich nicht richtig«, überlegt Jörn, »aber manchmal sage ich ihnen schon: Das finde ich blöd von eurer Mutter.« In den letzten Jahren habe es vielleicht »vier bis fünf laute Wortwechsel gegeben, die die Kinder miterlebt haben«. Jörn hat anschließend mit ihnen darüber gesprochen und festgestellt: »Ich habe diese Streits dramatischer empfunden als die Kinder. Die haben das abgeschüttelt«, glaubt er. Und: »Solche Streits kann man auch nicht ausschließen bei so einer dichten, engen Sache wie dem Wechselmodell.«

Und doch erzählen beide Elternteile im Gespräch, dass sie inzwischen im Großen und Ganzen miteinander auskommen. Nach einigen Jahren des Nicht-mehr-Zusammenlebens sei die Reflektion stärker geworden, auch über die eigene Rolle. »Ist ja so, wenn zwei Leute sich auseinanderleben, dann ist das ja einfacher, nicht sich selbst die Schuld zu geben, sondern dem anderen«, sagt Jörn. An dieser Schuldzuweisung hatte Verena anfangs zu knacken. »Es gab schon Situationen, dass mein Ex-Mann den Kindern etwas über die Trennung erzählt hat, was mir nicht gefallen hat. Er hat mich schuldig gemacht.« Sie selbst habe dann überlegt, ob sie ihre Sicht der Dinge hätte erzählen sollen: »Aber ich habe das nicht getan, weil die Kinder so klein waren und sie sowieso alles speichern.« Aber als die Böse wollte Verena auch nicht da stehen. Sie habe versucht, es weicher zu erklären: »Ich habe ihnen erzählt: Es war damals so, dass Mama und Papa sich nicht verstanden haben, wir hatten keine Gefühle füreinander gehabt, wir konnten keine gemeinsame Wohnung mehr haben. Wir lieben euch, aber zwischen uns funktioniert es nicht. Deshalb bin ich weggegangen, so habe ich entschieden.«

Dass Eltern unterschiedlicher Meinung sind, damit können Kinder umgehen, davon ist Trennungsberater Ralf

Stallbaum überzeugt. Streit kennen sie schließlich auch untereinander. Aber auch hier gelte zum Wohl der Kinder: Weder Mutter noch Vater dürfen verlangen, dass ihr Kind für sie Partei ergreifen muss. Die Kinder dürfen spüren, was Mama oder Papa gerade empfinden: »Ich finden den anderen gerade doof, aber du hast damit nichts zu tun.«

Einer macht den anderen schlecht: Kinder wollen nicht Partei ergreifen

Frisch nach der Trennung sowieso, aber auch noch Jahre später fällt es getrennten Eltern oft schwer, diese alten Paar-Konflikte aus dem Umgang mit ihren Kindern herauszuhalten. Meist geschieht das nicht einmal in der Absicht, das Kind auf seine Seite zu ziehen. Diese alten Konflikte schleichen sich in den Alltag ein, wenn die Elternteile nicht aufpassen. Und Kinder reagieren darauf.

»Haben Sie Ihre Ex-Frau je vor Lorenz schlechtgemacht?« Auf diese Frage zögert Christian ein wenig mit der Antwort. Eigentlich findet er dann, habe er das nicht getan. Aber nach etwas Nachdenken sagt Christian: »Schlechtmachen … ich glaube, ich habe das sehr subtil gemacht anfangs. Ich habe mich schon bemüht, das nicht zu tun, aber dann habe ich das doch gemacht, indem ich den Lorenz ausgefragt habe, wie es bei der Mama war.«

Wann warst du da im Bett? Was hast du im Fernsehen gesehen? – Christian ging es weniger um den Erziehungsstil bei seiner Ex-Frau als um Kritik und Kontrolle. Lorenz habe immer nur gesagt, es sei alles in Ordnung bei der Mama, und erzählte ansonsten wenig. Christian: »Das waren für Lorenz zwei getrennte Welten. Als ob ein Schalter umgelegt würde, jetzt bin ich bei Mama, Schalter wieder zurück, jetzt bin ich wieder bei Papa.« Er glaube, dass das für den Sohn recht stressig gewesen und ihm manchmal die

Umstellung schwergefallen sei. »Manchmal war Lorenz die ersten zwei Tage neben der Kappe.«

Das ist nun schon einige Jahre her. Christian spürt bei sich eine Veränderung: »Bei mir hat sich die Erkenntnis durchgesetzt, dass ich sowieso nicht kontrollieren kann, was bei der Mama passiert. Aber ich sehe, dass es Lorenz gut geht, dass es bei ihr wohl auch gut zugeht. Ich muss da nicht mehr ständig aufpassen.«

Diese Gelassenheit entspanne auf jeden Fall den Sohn: »Ich glaube, seit wir Eltern das besser hinkriegen, ist das für ihn auch mehr zusammengewachsen. Es gibt keine großen Spannungen mehr, wenn Lorenz wechselt.«

Lorenz registriert ganz zufrieden, »dass meine Eltern nie so nachfragen, wie's beim anderen war.« Und von sich aus erzähle er auch nicht so viel, »nur wenn etwas Besonderes war, dann schon«. Darunter fällt für ihn ein Besuch bei den Großeltern oder ein Kino-Nachmittag. Aber von einem gemütlichen Wochenende, so einem ganz normalen, was sollte er da groß erzählen?

Schalter vor: jetzt bin ich bei Mama – Schalter zurück: jetzt bin ich bei Papa: »Kinder wollen nicht immer einen Rucksack voller Sehnsucht mitnehmen.«

Viele Eltern wundern sich darüber, dass ihre Kinder, wenn sie wieder zurückkommen, nur sehr spärlich von ihrer Woche beim anderen Elternteil berichten. Die Psychoanalytikerin Birgit Schmitt kann gut nachvollziehen, warum sie das nicht tun. »Es ist nötig, sich von der einen Welt abzuwenden, um in der anderen Welt sein zu können«, erklärt sie. In Fernbeziehungen zwischen Erwachsenen sei das ähnlich. Auch da müsse man eine Art Schalter umlegen. »Man sieht sich, ist eine Zeit zusammen, dann trennt man sich wieder, der eine bringt den anderen zum Bahnhof, und in dem Moment müssen beide wieder umschalten auf das eigene Leben. Sie müssen sich jetzt wieder getrennt vom anderen der Welt zuwenden.«

Kinder im Wechselmodell müssten quasi einen Elternteil vergessen, um sich auf das Leben mit dem anderen voll und ganz einlassen zu können. Hier trenne das Kind beide Welten. Und das sei wichtig, so Birgit Schmitt, weil sich das Kind nicht die ganze Zeit nach dem Elternteil sehnen will, den es jetzt für eine Weile verlassen hat. »Kinder wollen nicht immer einen Rucksack voller Sehnsucht mitnehmen.« Eltern können dafür sorgen, dass dieser Rucksack zurückbleibt, damit sich das Kind uneingeschränkt auf den anderen freuen und dort zu Hause sein kann. »Das Kind muss den einen Elternteil loslassen, damit es sich auf den anderen einlassen kann.« Das sei ganz wichtig für das Kind, erklärt Birgit Schmitt, denn ohne dieses Loslassen könne es nicht unbelastet in der intensiven Beziehung mit dem anderen Elternteil sein. Eltern sollten also das Kind tunlichst nicht ausfragen. Besonders dann nicht, wenn sie das Kind über den Ex-Partner aushorchen wollen: Macht er auch alles richtig, oder ist er sogar der bessere Elternteil? Mütter und Väter dürfen vertrauen: Wichtige Erlebnisse wird das Kind von alleine erzählen.

Wo habe ich mit alten Verletzungen zu tun? Wo versuche ich, meine Kinder zu manipulieren? – Mit diesen reflektierenden Fragen müssen sich Eltern im Wechselmodell beschäftigen und dabei Selbstkritik entwickeln. Getrennte Paare müssen den kleinsten gemeinsamen Nenner – wir wollen gute Eltern sein – zu einer stabilen, tragfähigen Basis machen.

Wenn das nicht klappt, klappt auch das Wechselmodell nicht.

Extrem zerstrittene Eltern, die ihre Kinder nicht aus übrig gebliebenen Paar-Konflikten heraushalten können: Diese Konstellation geht im Wechselmodell nicht. Dazu Trennungsberater Ralf Stallbaum: »Wenn die Eltern als allerhöchstes Motiv die eigene Kränkung haben, dann ist das Wechselmodell schädlich für die Kinder.« Dieses Austarieren ohne Partei-Ergreifen könnten Kinder auf Dauer nicht schaffen. Die seelische Anspannung werde für sie unerträglich. »In so einem Fall muss man vom Wechselmodell Abschied nehmen«, sagt Ralf Stallbaum.

Streits mit Kindern werden nicht gelöst, weil sie durch den Wechsel vergessen werden

Eltern und Kinder streiten sich, das ist normal und sogar wichtig. Kinder, die immer mit ihren Eltern zusammenleben, können diesen Konflikten kaum ausweichen – sie müssen sie aushalten, durchstehen und irgendwann lösen. Beim Wechselmodell aber besteht die Möglichkeit, dass es zu einer Lösung gar nicht kommt, weil das Kind mitten im Streit für eine Woche zur Mutter wechselt. Kehrt es dann zurück, ist die Freude groß und der Streit der Vorwoche vergessen. Lernt das Kind also in dieser Lebensform nicht, wie man sich auseinandersetzt? Erfährt das »Wechselmodell«-Kind nicht vielmehr, dass man Streit einfach aussitzen kann? In der Hoffnung, wenn ich in einer Woche zurückkomme, ist der Ärger vorbei?

Natürlich müssen Kinder lernen, sich auseinanderzusetzen und Konflikte zu bereinigen. Das meint auch Trennungsberater Ralf Stallbaum. Im Wechselmodell, so meint er, setze manchmal eine ganz eigene Dynamik ein: »Vielleicht brauchen manchmal Kinder und Eltern, die im Wechselmodell leben, beim Abschied solche Streitereien, damit die

Trennung weniger wehtut?« Grundsätzlich unterscheidet Stallbaum aber wichtige Konflikte von eher unwichtigen. Doch auch Letztere haben oft ein erhebliches Aufregungs-potential:

Die 15-jährige Rina lässt ihre feuchten Handtücher auf dem Boden liegen, ihre Mutter ist genervt, sagt ihr: »Räum die weg, bevor du zu Papa gehst!« Rina hat alles Mögliche im Kopf, auf jeden Fall aber nicht, dass sie noch die Handtücher aufhängen muss. Sie geht, die nassen Handtücher bleiben auf dem Boden des Mädchenzimmers zurück. Wieder einmal. Die Mutter ist wütend. Telefoniert ihrer Tochter ärgerlich hinterher. So einen Streit zum Abschied möchten eigentlich beide nicht. Aber er kommt immer wieder genau so vor. Ri-nas Mutter räumt schließlich die Handtücher selbst weg. Und natürlich liegen die Frottee-Tücher eine Woche später, wenn Rina zurückkommt, wieder frisch gewaschen und schön gefaltet im Schrank. Der Streit ist längst vergessen, allerdings nur, bis Rina wieder aus der Dusche steigt.

Wichtige und unwichtige Streits: Wenn es darauf ankommt, müssen alle eine Lösung finden

Solche Konflikte, sagt Ralf Stallbaum, haben auch Eltern in Regelfamilien mit ihren Kindern. »Die Mutter hebt die Handtücher auf, das ist ihre Entscheidung. Das täte sie auch, wenn die Tochter nicht zum Vater gehen würde, son-dern immer bei ihr wohnen würde.« Es gibt Phasen, sagt Stallbaum, »da entwickeln sich Kinder über Monate sehr anstrengend«. Und Kinder seien Weltmeister darin, ihre El-tern zu packen, deren wunde Stellen zu entdecken und darin herumzuwühlen. Ständig Streit um Chaos-Kinder-zimmer? Riesenzirkus und Geschrei um Müll, den der Nachwuchs trotz Versprechen nicht zur Abfalltonne trägt? Stallbaum findet, dass Kinder im Wechselmodell einen

»Riesen-Vorteil« haben: »Ich darf mal auf die Positiv-Seite gucken: Das ist doch wunderbar, wenn man durch das Wechseln vom Ringrichter des Lebens mal auseinandergedrückt wird, einen Moment voneinander verschnaufen kann.« Das sei für Kinder und auch für Eltern gut: »Denn oft brennen sich Konflikte immer mehr ein wie Säure, alle drehen sich im Kreis, da ist es doch fantastisch, wenn diese neurotischen Entwicklungen durch einen Wechsel unterbrochen werden.« Und vielleicht merkten Eltern wie Kinder, wie man diese Auseinandersetzung miteinander sogar vermisse, von der man zuvor so unglaublich genervt worden sei. »Die Regelfamilie kennt dieses Gefühl nur, wenn das Kind mal auf Klassenfahrt ist.«

Stallbaum ist überzeugt: »Wenn es ein richtiger Konflikt ist, dann ist der nach einer Woche nicht weg.« Und solche richtigen Konflikte müssen Eltern und Kind zusammen lösen. Wenn das Kind nichts mehr für die Schule tut, die Noten schlechter werden, dann muss etwas passieren, damit das Kind lernt, für sein Leben Verantwortung zu übernehmen. Hier sei die Zusammenarbeit der Eltern gefordert: Vater und Mutter sollten sich dann mit dem Kind gemeinsam an einen Tisch setzen und mögliche Lösungen aushandeln.

Familienkonferenzen können helfen

Gemeinsam an einen Tisch setzen und Lösungen aushandeln – das klingt erst mal gut, ist aber schwierig, wenn dabei nur nach alten Mustern argumentiert und schließlich geschrien wird. Die Kölner Psychologin Katharina Grünewald schlägt deshalb ein klar geregeltes Verfahren vor: Die »Familienkonferenz«, bei der zum Beispiel einmal im Monat alle Konfliktpunkte des Familienlebens wieder aufgenommen werden. Eine Familienkonferenz kann etwa so laufen: Das Kind sitzt mit beiden Elternteilen zusammen. Ein Elternteil moderiert. In einer ersten Runde wird jedes Familienmitglied gefragt: Wie geht es dir? Wichtig dabei ist, dass die anderen das nicht kommentieren dürfen. Jeder darf sagen, wie er sich fühlt, ohne dass der andere sagt: »Stimmt doch gar nicht!«

In der zweiten Runde werden die Punkte, die vorher von den Kindern oder den Eltern auf die Tagesordnung gesetzt wurden, diskutiert. Generell gilt dabei: Jeder spricht nur über sich und sein eigenes Gefühl. Beispielsweise könnte der Vater sagen: »Wir haben uns gestritten, dann kam der Wechsel zur Mama, du warst also weg. Ich habe mich aber noch lange geärgert, fühlte mich ungerecht behandelt von dir. Wir haben uns dann eine Woche lang nicht mehr gesehen und haben darüber noch nicht gesprochen. Ich komme damit nicht klar.« Dann kommt das Kind an die Reihe und erzählt, wie es die Situation erlebt hat. Gemeinsam suchen die Konferenzteilnehmer dann nach einer Lösung, die alle akzeptieren können.

Gerade im Wechselmodell, so Katharina Grünewald, können Familienkonferenzen dabei helfen, dass das Kind die Eltern-Einheit sieht und spürt. »Beim Wechselmodell soll für die Kinder klar sein: Mama und Papa tauschen sich noch aus. Ich muss das als Kind nicht tragen, sondern die machen das.« Katharina Grünewald: »Eine Familienkonferenz hat dabei große Kraft, weil hier verlässliche Beschlüsse gefasst werden.«

Der »große« Konflikt braucht eine Familienkonferenz mit beiden Elternteilen. Doch dieses Instrument des gemeinsamen Verhandelns und Aushandelns eignet sich auch für die kleinen, aber anstrengenden Streitereien in der halben Familie, etwa, wenn Rina nur mit ihrer Mutter zusammensitzt und diskutiert. »Das Kind muss spüren, dass es ernst genommen wird.« Dann kann auch die Handtuch-Frage auf einer anderen Ebene besprochen werden als in der Konstellation »zeternde Mutter/genervte Tochter«.

Und wenn der Konflikt zu groß ist, sodass Eltern und Kinder keine Lösung finden? Trennungsberater Ralf Stallbaum rät dann zu externer Hilfe: »Wie Eltern in Regelfamilien auch, haben getrennt lebende Eltern die Möglichkeit, professionelle Erziehungsberatung in Anspruch zu nehmen, eine Kinderförderungsberatung für getrennt lebende Eltern.«

9. Neue Partner, neue Geschwister – Patchwork im Wechselmodell

Getrennt lebende Familien müssen sich vielen Herausforderungen stellen, das trifft Ex-Paare, die mit ihren Kindern in klassischer Form leben, ähnlich wie Familien mit Wechselmodell-Varianten. Bloß: Im Wechselmodell wird manche Herausforderung vielleicht zur größeren Aufgabe, weil der betroffene Elternteil und das Kind zeitlich mehr miteinander zu tun haben.

In der klassischen Betreuungssituation (Papa-Wochenende alle zwei Wochen) gibt es das natürlich auch: Die Mutter lernt jemanden kennen, die Kinder arrangieren sich mehr oder weniger. Und am Vater-Wochenende ist vielleicht auch dessen neue Freundin da. Aber dieses Wochenende ist ein Besuchswochenende: Die Beziehung zur neuen Freundin hat einen nicht so hohen Stellenwert, wenigstens zeitlich gesehen. Doch im halbwegs paritätischen Wechselmodell können plötzlich in jedem Zuhause neue Partner sitzen, die ganze Zeit über. Was bedeutet das für die Kinder? Was bedeutet es für die Eltern und deren neue Lebensgefährten?

Schwierig wird es etwa, wenn das Kind den neuen Partner, die neue Partnerin nicht leiden mag. Oder umgekehrt. Das gibt es auch.

»Wir wollten unseren Papa einfach weiterhin sehen.« Neue Situation: Vaters neue Freundin lehnt die Kinder ab

Ein paar Jahre lang wohnten Thorsten und seine Ex-Frau Katharina nahe beieinander. Die Söhne Felix und Simon, zu Beginn des Wechselmodells gerade sechs und acht Jahre alt, konnten zu Fuß zwischen den Wohnungen hin- und her laufen. Bis sich Thorsten neu verliebte. Seine Freundin hatte bereits einen Sohn und lebte in der Nachbarstadt. Thorsten zog zu ihr. Plötzlich mussten sich Felix und Simon mit zwei neuen Faktoren arrangieren: weitere Wege in die Schule und zu den Freunden. Das fanden die Jungs lästig, aber es ließ sich regeln. Doch dazu kam die neue Frau in Papas Leben, Stiefbruder inklusive. Das Blöde: Felix und Simon kamen mit der neuen Frau nicht klar. Oder sie nicht mit ihnen.

Simon erinnert sich: »Es war in der Regel so: Ihr Sohn lebte auch mit im neuen Haus. Wir waren also eine Patchwork-Familie. Der Sohn wurde in der Regel bevorzugt. Wenn wir zu dritt als Kinder irgendwo waren, und der hat Scheiße gebaut, waren alle drei schuld. Hat einer von uns was gemacht, war auch nur einer von uns schuld.« Fazit: Simon und Felix fühlten sich ungerecht behandelt. Und sie beklagten sich bei ihrem Vater.

Thorsten hielt zu seinen Söhnen, verlangte von seiner Lebensgefährtin mehr Gerechtigkeit. »Das gab immer Streit bei uns«, graust er sich heute. Die Beziehung mit der Frau dauerte einige Jahre, in der Zeit kam auch eine gemeinsame Tochter zur Welt, die die Söhne vorbehaltlos akzeptierten.

Doch das Verhältnis zur Freundin des Vaters besserte sich nicht. Die Jungs empfanden die Frau als übergriffig. Simon erzählt: »Was unangenehm war, da erinnere ich mich noch an eine Szene, nach einem Essen, da kritisierte sie, dass wir bei unserer Mutter zu viel Computer spielen dürfen. Da hätte ich ihr am liebsten gesagt, das geht dich gar nichts an. Aber das habe ich mich damals noch nicht getraut.«

Und dennoch – Simon und Felix zogen Woche um Woche zu ihrem Vater in die andere Stadt. Felix: »Wir wollten unseren Papa sehen, und dass die dabei war, das ist eben so gewesen. Es war nie so, dass wir wegen der anderen Frau nicht dahin wollten, wir wollten zu unserem Papa.«

Gab es nie Zweifel oder Unlust, eine Woche lang an einem Ort zu wohnen, wo sich Felix und Simon– zumindest von der Lebensgefährtin – nicht absolut willkommen fühlten? Felix: »Da habe ich mir auch Gedanken drüber gemacht. Es gab immer so ein negatives Gefühl, das so mitschwang: Jetzt muss ich auch diese Person wieder sehen! Aber das habe ich immer in Kauf genommen.« Allerdings erzählten die Jungen ihrer Mutter, was sie bei der neuen Partnerin des Vaters erlebten. Die Mutter habe dann eine Aussprache verlangt. Ein Gespräch zu viert: Katharina und ihr neuer Freund, Thorsten und seine Partnerin. »Da haben sich die Paare total gestritten.« Und es änderte sich nichts.

Dennoch: Die Jungs hielten loyal zu ihrem Vater. Auch, wenn es manchmal in ihnen schwelte, wenn es wieder Krach gab in der Papa-Woche. Felix: »Ich weiß, dass ich einmal einen fiesen Gedanken gehabt habe, da habe ich mich auch für geschämt, aber ich habe ihn trotzdem wahr gemeint. Da war wieder ein Streit nach dem Essen, nach dem Grillen, da hat die Freundin zu meinem Papa gesagt: ›Am besten verlasse ich dich, ich gehe ganz weg!‹ Und da habe ich gedacht: ›Ja, mach das, da freue ich mich!‹«

Noch heute, Jahre später, ist Felix dieses Gedankenspiel präsent. Und auch seine Mutter, weiß er, hat in diesen Jahren gelitten. »Das hat sie mir kürzlich erzählt, als wir noch mal diesen Weg zu Papas Wohnung in der anderen Stadt fahren mussten. Da hat sie gesagt, wie ungern sie uns da-

mals immer zum Papa gebracht hat.« Aber sie habe es getan, und für sie, die Söhne, sei das auch selbstverständlich
gewesen.

Thorsten ist nicht mehr mit dieser Frau zusammen. Er
ist wieder zurück in die Heimatstadt gezogen. Der große
Sohn ist mittlerweile ausgezogen, der 19-jährige Felix
wechselt weiter im Wochenrhythmus. Die neunjährige
Tochter wohnt hauptsächlich bei der Mutter, weil diese das
Wechselmodell ablehnt: »Für meine Tochter bin ich leider
nur der Freizeit-Papi.«

Mit seiner neuen Freundin lebt Thorsten seit einem halben Jahr zusammen. Seine Söhne freuen sich für ihn – und
auch für sich selbst: »Die ist klasse. Da gab es nie Probleme.
Mit der ist es super.«

Das klingt ja sehr nach Happy-End. Doch wenn man diese
Geschichte liest, erstaunt das hohe Maß an Loyalität, das
die Jungen ihrem Vater gegenüber spürten, obwohl sie dessen Partnerin nicht mochten. Nicht ein Mal stellten die
Jungen im Interview das Wechselmodell in Frage! Die
Psychologin Katharina Grünewald ist spezialisiert auf
Patchwork-Familien und deren besonderen Herausforderungen. Sie verwundert das Verhalten von Felix und Simon
nicht: »Da steht das Verlangen nach Nähe zum Vater an erster Stelle. Und wenn das nicht anders geht als mit dieser
Frau, dann nehmen Kinder das in Kauf.«

Wichtig sei für Kinder: Die Situation müsse berechenbar
sein und bleiben. »Wenn die Kinder nie wissen, ob diese
Frau jetzt da ist oder nicht, ob sie ihre eigene Zeit mit Papa
haben oder nicht, dann würden sie wahrscheinlich rebellieren.« Weil das nicht auszuhalten sei für Kinder, so der Un-
gewissheit ausgeliefert zu sein. »Wenn die aber wissen:
O.k., die andere Frau ist zwar da und wird wahrscheinlich
meckern, aber wir können mit Papa trotzdem unser Ding
machen, dann kann das über Jahre so gehen«, sagt Katha-

rina Grünewald: »Ich glaube, Kinder haben die Fähigkeit, sich anzupassen und trotzdem bei sich zu sein, wenn die Situation berechenbar ist.«

Genau das zeige das Verhalten von Felix und Simon. »Wegen der hohen Loyalität zu ihrem Vater haben die Jungen wahrscheinlich gemerkt, wie wichtig diese Frau für den Vater ist.« Sonst, da ist die Psychologin überzeugt, hätten die Söhne viel mehr Kraft darin gesetzt, die neue Lebensgefährtin zu vergraulen. »Kinder sind da sehr hellhörig.« Denn manchmal übergebe etwa der Vater seinen Kindern unbewusst den Part, der sich gegen die neue Partnerin richte: »Und die Kinder kooperieren dann mit dem Elternteil, indem sie das ausleben. Dann sticheln und provozieren sie so lange, bis es richtig Streit gibt unter den Erwachsenen und die neue Partnerin vielleicht rausfliegt.«

Felix und Simon aber hätten die empfundenen Ungerechtigkeiten ertragen, wie man auch in der Schule manche Ungerechtigkeit erdulde. Die Psychologin spricht hier nicht von massiven Angriffen oder gar Gewalt, sondern von dem alltäglichen Miteinander zwischen Stiefmutter und -söhnen, in dem es immer knirschte.

In Felix' und Simons Fall war die ungeliebte neue Partnerin jede Wechsel-Woche im Schlepptau des Vaters. Barg das nicht große Risiken für die Entwicklung der Jungen, war das nicht ein riesengroßer Stressfaktor? Katharina Grünewald beruhigt: »Es ist völlig o.k. so. Es sind ja Fremde, die da aufeinanderstoßen. Die müssen sich nicht mögen, auch später nicht. Aber sie sind nun mal dazu verdonnert, ihre Zeit miteinander zu verbringen.« Das Kind, in diesem Beispiel sind es gleich zwei, nehme keinen Schaden. »Im Gegenteil, sie lernen, mit ungeliebten Personen umzugehen und trotzdem bei sich zu bleiben. Solange die Beziehung ›echt‹ ist, ist auch das eine bereichernde Erfahrung.«

»Mir soll nicht jeder was sagen dürfen.«
Rina will nicht noch mehr Erziehungsberechtigte

Auch Rina und Jonathan haben Erfahrung damit, dass ihre Eltern neue Lebenspartner fanden. »Beim Papa ist ja immer die Jutta«, erzählt Jonathan, der Zwölfjährige. »Das ist ganz o.k. so.« Viel mehr weiß er gar nicht darüber zu erzählen. Dass Jutta »immer da« ist, mit in den Urlaub fährt, zur Tante – so ist es eben. Selbstverständlich ist für ihn auch, dass er mal von der neuen Lebensgefährtin des Vaters vom Sport abgeholt wird oder mit ihr zum Arzt geht, wenn er in der Papa-Woche krank wird.

Auch Rina, seine 15 Jahre alte große Schwester, nutzt die »neuen« Erwachsenen in ihrem Leben als spezielle Ratgeber. Der Lebensgefährte der Mutter spricht besonders gut Französisch, mit ihm übt Rina für die nächste Klausur. Und die Partnerin des Vaters kann sehr gut nähen – hier profitiert Rina, wenn etwas repariert oder umgeändert werden muss. Andererseits will Rina nicht, dass sie der neue Partner der Mutter zum Französisch-Üben mahnt und ihre schulische Lässigkeit kritisiert. Zu viel Einmischung der neuen Partner in ihre Belange hat sie sich verbeten: »Ich will nicht, dass mir jeder was sagen kann«, hat sie beiden neuen Partnern deutlich gesagt. Zwei Erziehungsberechtigte reichten ihr.

In Rinas Fall haben alle Erwachsenen verständnisvoll genickt. Man will die Trennungskinder ja nicht überfrachten. Die neuen Partner sagen wenig, wenn Rina, wenig kompromissbereit, das gemütliche Fernsehsofa komplett belegt mit der Geste: Hier bin ich. Nur ich. Und solange ich will.

»Die neuen Partner dürfen mitreden«, sagt die Psychologin

Die Patchwork-Psychologin Katharina Grünewald lächelt, als sie diese Geschichte liest. Es ist ja auch – wieder mal – kein reines Wechselmodell-Thema. Sondern eines, das im Wechselmodell aufgrund der zeitlichen Präsenz besonders brisant werden kann: Inwieweit dürfen sich die neuen Partner in die Erziehung einmischen?

Katharina Grünewald hat eine klare Haltung: »Das Aushandeln ist das A und O. Es kann nicht sein, dass die neuen Partner nichts zu sagen haben.« Schließlich lebten die ja auch in dieser neuen Gemeinschaft und hätten ihre Bedürfnisse und Grenzen. »Und wenn permanent ein Kind über meine Grenzen trampelt, dann platzt mir die Hutschnur.«

Letztlich sei Patchwork nichts anderes als Arbeiten in der Beziehung: »Man muss sich und den anderen immer klarmachen: Wo stehe ich? Was will ich? Wo sind meine Grenzen? Und wo bist du?« Doch die Psychologin warnt vor der Machtkeule: »Wenn ein Kind laut Musik hören will, und ich sage ›Mach aus!‹, dann beschwert sich das Kind zu Recht.« Denn das sei kein Aushandeln, sondern nur rigides Bestimmen. Und damit erreiche man nur Rebellion und Frust.

Aber wie lassen sich Konflikte konstruktiv lösen? Wie kommt jeder zu seinem Recht? Katharina Grünewald rät: »Kompromisse finden.« Im Falle des lauten Musikhörens etwa darstellen, dass man selbst gerade Ruhe benötige. Und darum bitte, dass die Musik später aufgedreht werde. »Es gibt viele Puzzleteile in der Gemeinschaft, etwa Ruhephasen, Musikstunden oder anderes. Das ist wie eine Garantie, auch für das Kind. Es lernt: Auf mein Bedürfnis wird Rücksicht genommen.« Und zugleich: »Auch ich, das Kind, muss Rücksicht nehmen.«

Ein Phänomen, das nicht nur in Trennungsfamilien zu

finden sei: »Viele Eltern können das Aushandeln nicht mehr.« Das aber müsse man wieder lernen und anwenden. Auch im Wechselmodell, aber eben nicht nur dort. Und vielleicht mit Hilfe der Familienkonferenz.

»Mir reicht, wenn Georg ab und zu mal da ist.« Tim findet Mamas Partner nett. Aber viel mehr muss nicht sein. Der »Neue« wäre gerne beliebter

Der zehnjährige Tim findet Georg, den neuen Partner seiner Mutter, ganz in Ordnung. »Kommt Georg heute?«, fragt Tim immer beim Tischdecken und stellt dann, bei einem »Ja« der Mutter, selbstverständlich einen Teller mehr auf den Tisch. Gerne unterhält sich Tim mit Georg über Computerspiele oder neue Filme. Aber nur, wenn Georg ihn anspricht. Ansonsten kommt Tim auch ganz gut ohne Gespräche mit Georg klar. Der neue Partner findet das schade, er hätte gerne mehr Kontakt.

Auch das ist keine nur für das Wechselmodell typische Situation. Und es gibt auch kein Patentrezept, wie neue Partner sich ins Leben des Kindes einfügen können – als erwünschte, vielleicht sogar geliebte Person. Patchwork-Expertin Katharina Grünewald rät, einen Schritt vorher anzufangen: »Der Stiefvater sollte sich fragen: Ist es für mich vielleicht auch o.k. so, wie es ist?« Oder meine er nur, er brauche den engen Kontakt, weil man das als neuer Partner eben so mache? »Das ist doch auch die Freiheit, die diese Rolle hat: Es muss kein superenger Kontakt werden.«

Wenn man sich dies aber wünsche, dann sei es wie überall im Leben: »Wenn ich jemanden treffe, den ich nett finde, den ich öfter sehen möchte, dann werbe ich um ihn, versuche, einen Sog zu entwickeln.« Neue Partner sollten sich fragen: Weiß ich überhaupt, was das Kind interessiert? Beschäftige ich mich ernsthaft mit ihm? Und: »Eine ausreichende Schnupperphase einkalkulieren. Man muss sich kennenlernen können.«

Männer hätten es im Übrigen als neue Partner oft leichter als Frauen, ihre Position im Patchwork zu finden. »Stiefväter sind oft damit zufrieden, der Kumpel zu sein.« Stiefmütter wollten meist zu viel, das Rundum-Glückliche-Familie-Paket bieten, eine rosa Verklärung, der die Wirklichkeit nicht standhalten könne.

Katharina Grünewald spricht übrigens ganz bewusst von »Stiefmüttern«, »Stiefvätern« und »Stiefkindern«. Sie benutzt diese Begriffe, weil jeder weiß, was damit gemeint ist: eine neue Familienkonstellation, in der auch ganz neue Beziehungen geknüpft werden zwischen Menschen, die nicht miteinander verwandt sind, die plötzlich aber miteinander leben wollen. Oder müssen.

Stiefmütter wollen zu perfekt sein. Stiefkinder wollen das nicht

So sagt es die Psychologin: »Manchmal bringen Patchwork-Konstruktionen eigene Lebensmuster in die Sackgasse.« Denn Probleme, die sich im Patchwork zeigten, kämen selten allein aus dieser Lebensform. »Da brechen oft nur Themen heraus, die einen ein Leben lang beschäftigen.« Oft verstünden sich Stiefmutter und -tochter nicht. »Da passiert oft, dass das Stiefkind einen Weg zeigt, der für einen selbst nie möglich war.« Da agiere etwa eine Stieftochter zickig und rebellisch und werde vom Vater auch noch auf den Thron gesetzt. »Und man selbst war immer lieb und brav und hatte nie einen Vater, der einen ständig gelobt hat.« In der Patchwork-Familie werde dies alles zusammengeschmolzen, die Stiefmutter entwickle eine Wut auf das Stiefkind, die diesem eigentlich gar nicht gelte.

»Denn dahinter steckt ein Lebensthema, das die Stiefmutter überallhin begleitet.« Da müsse sie hinschauen, eventuell mit professioneller Hilfe eines Coaches.

Was das Tochter-auf-dem-Thron-Verhalten manchen Vaters angeht, sieht die Psychologin gerade im Wechselmodell Chancen zur Entglorifizierung: »Wenn der Vater mehr mit der Tochter zu tun hat, dann wird auch er gezwungen, sich mit dem Verhalten seiner Tochter auseinanderzusetzen.« Mit dem Prinzessinnen-Gehabe sei es dann meist rasch vorbei.

Eifersucht auf neue Partner – Eifersucht auf alte Partner

Manchmal tun sich neue Partner eines Elternteils schwer mit dem Wechselmodell. Oder genauer: mit den Folgen des Wechselmodells, dem immer noch relativ dichten Kontakt zum Ex-Partner.

So erlebt es Verena. »Meinem Freund würde es besser gefallen, wenn mein Ex-Mann die Kinder nur alle zwei Wochen nehmen würde.« Besonders ärgere den neuen Partner, wenn Jörn, der Vater der Kinder, bei der Übergabe die Wohnung betrete. »Für mich ist das aber selbstverständlich, mein Ex-Mann ist ja nicht mein Gegner, sondern der Vater meiner Kinder.« Der Freund argumentiere immer damit, »wie ich es fände, wenn seine Ex-Partnerin ständig auftauchen würde«. Verena hat für sich eine sehr klare Haltung gefunden: »Die Meinung meines neuen Partners spielt für mich keine so große Rolle, er steht nicht an erster Stelle, da stehen meine Kinder. » Verena schränkt ein wenig ein: »Zumindest im Moment ist es so. Die Partnerschaft ist noch ziemlich neu, da will ich ihn noch nicht so viel mitreden lassen.«

Und was ist, wenn ein Elternteil gegen die neue Beziehung des Ex-Partners agitiert? Vielleicht gar nicht so sehr intensiv, weil aufgeklärte Menschen ja auch den Verflossenen eine neue, glückliche Beziehung wünschen. In der Theorie klingt das ja auch ganz einfach. Passiert das dann aber im Wechselmodell-Alltag, müssen die Eltern zeigen, ob sie ihre guten gedanklichen Vorsätze in die Wirklichkeit übertragen können. Dann müssen Mutter und Vater beweisen, dass sie ihrem Kind die andere Familie zugestehen – und vielleicht sogar aus ganzem Herzen gönnen. Das ist dann oft doch nicht so einfach.

»Der Richard zieht bei Mama ein.« Von Eifersucht und einem schlechten Versuch von Manipulation

»Der Richard zieht bei Mama ein«, sagt Svenja beim Abendessen ganz beiläufig, während sie sich ein paar Nudeln aus der Schüssel nimmt. Rainer spürt eine Art Stromstoß, kurz, heftig. Jetzt ist es also so weit, Richard zieht bei Sonja ein.

»Ach ja?«, sagt Rainer, auch ganz beiläufig. Bloß nichts anmerken lassen. Der Neunjährigen nicht zeigen, was gerade in Papas Kopf herandonnert. Ein Intercity, randvoll mit Befürchtungen: Sonja hat's geschafft, wieder eine Familie, mit Richard, der verdient auch gut, die werden viel Geld haben, und die haben auch noch mein Kind, meine Svenja, und nehmen sie mir weg, innerlich. Die fiesen Gedankenbilder zeigen Rainer eine lachende Svenja, an der einen Hand Mama, an der anderen: Richard. Rainer kann keine einzige Nudel mehr essen.

Rainer, knapp an die vierzig, fühlt sich als Verlierer. In jeder Beziehung. Er hat nur wechselnde Partnerinnen, finanziell ist es auch nicht rosig, er hat auch kein fettes

Motorrad mit Beiwagen wie Richard. Und überhaupt. Nach außen tut Rainer gelassen, aber eigentlich fühlt er sich klein und mickrig, verstrickt in einem Knäuel aus Psycho- und Finanzsorgen.

Und so gerne möchte er wenigstens hören, dass Svenja den Richard nicht mag. Irgendwas an ihm doof findet. Aber Svenja mag den Richard. Und, Rainer weiß es, sie hat auch gar keinen Grund, ihn nicht zu mögen. Viel erzählt Svenja nicht von dem anderen Mann, aber was sie erzählt, klingt völlig o.k.: Richard bringt Svenja ab und zu zum Ballett. Hat sich auch schon um sie gekümmert, als sie in der Mama-Zeit krank war. Ist eben sowieso schon ganz oft bei Sonja, und bald eben immer, immer auch, wenn Svenja bei ihrer Mutter ist.

Rainer reitet manchmal ein Teufelchen. Dann will er Richard schlechtmachen vor Svenja, nur ein ganz kleines bisschen, weil man das ja eigentlich nicht darf, da ist Rainer pädagogisch schon ganz auf der Höhe. Aber dieses Teufelchen piekst und sticht und, tja, gewinnt zwischendurch.

In so einem Moment macht Rainer, wenn er mit Svenja über Richard redet, so ein Geräusch, wie wenn ein Motor abstirbt. Brrrööörrr. Nur »Brrrööööööarrr«. Mehr nicht. Trotzdem – ein Eigentor. Denn Svenja mag das nicht. Sie sagt dann nur: »Ich finde Motorradfahren cool.

Was passiert in Kindern, wenn ein Elternteil den neuen Partner des anderen schlechtmacht? »Viele Kinder lösen das so: Sie trennen die Papa-Welt komplett von der Mama-Welt«, erklärt die Psychologin Katharina Grünewald. Die hören sich das an, schlucken das runter, wechseln dann wieder zum anderen Elternteil und blenden das Negative aus.

Ist das gut oder schlecht? Das will die Psychologin gar nicht bewerten: »Es ist eine Strategie, die Kinder nutzen, um mit der Situation klarzukommen.«

Und so sieht es die Psychologin: Wenn Rainer sich weiter verstrickt in Minderwertigkeitsgefühlen, wird er es sehr schwer haben, aus seiner negativen Haltung herauszukommen. »Das Leben nach einer Trennung, das ist wie eine Chance zur persönlichen Weiterentwicklung, wenn man das als Herausforderung nimmt für sich und für die Kinder, dann haben alle etwas Gutes davon.« Wenn man aber von Anfang an »den Sack zumache«, dann verharre man im negativen Selbstbild.

Der Neue meiner Ex-Frau hat mehr Geld. Er »kauft« mein Kind. Christian fühlt sich unterlegen

Den neuen Partner seiner Ex-Frau im Leben seines Sohnes Lorenz zu akzeptieren, das ist auch für Christian eine Herausforderung. Der neue Partner ist bei Lorenz' Mutter eingezogen, auch Jahre nach der Trennung spürt Christian noch so etwas wie Eifersucht. Und dann erfährt Christian von großen Geschenken, die der Neue dem Zwölfjährigen macht, »deutlich größer, als ich sie mache«.

Das sei ihm gar nicht recht gewesen, erzählt Christian. Er sprach seine Ex-Frau darauf an, aber »das war nicht sehr zielführend, ich war da viel zu emotional«. Es dauerte eine ganze Weile, bis Christian sich mit dieser Situation arrangierte und sogar einen gewissen Pragmatismus entwickelte: »Mittlerweile sehe ich das nicht mehr so dramatisch mit den Geschenken. Sondern denke: Ist doch super, muss ich ihm das nicht kaufen.« Er habe nicht das Gefühl, dass die materiellen Gaben Lorenz' Charakter verderben würden.

Die Angst, dass die Mama-Familie für Lorenz attraktiver sein könnte, hat Christian überwunden: »Anfangs hatte ich das Gefühl, dass man ihn mir wegkaufen wollte. Diese Gedanken waren ein Problem für mich.« Aber die Zeit beweist: Die Papa-Sohn-Verbindung ist stark: »Wir haben so viel Kontakt, der Lorenz und ich, ich bin sicher, dass er selbst sieht, wie gut der für ihn ist, dieser Kontakt.«

Selbstbewusstsein entwickeln – das ist auch Katharina Grünewalds Rat, wenn Gefühle materieller Unterlegenheit bei einem Elternteil die Oberhand gewinnen. Solche Minderwertigkeitskomplexe seien auch bei Müttern weit verbreitet. »Die fühlen sich dann weniger wert, weil der Ex-Partner den Kindern teure Urlaube bieten kann, für die man selbst nicht die Möglichkeiten hat.« In Coaching-Gesprächen fielen dann oft Sätze wie: »Natürlich finden die Kinder jetzt den Papa viel toller!« Dabei sei das gar nicht natürlich und auch nicht selbstverständlich. Kinder bekämen sehr schnell mit, wie es sich mit den Geschenken verhalte. »Natürlich bekommen sie gerne Geschenke. Aber sie erkennen, wenn dahinter ein Zweck ist, und können in Beziehungen durchaus andere als materielle Werte erkennen.«

Also: Müttern und Vätern, die sich materiell unterlegen fühlen, empfiehlt die Psychologin: gegensteuern! Schöner Urlaub für das Kind in Aussicht, aber mit der anderen Familie? »Da könnte man doch zum Kind sagen: ›Dies ist mal ein Vorteil, den du hast. Drei Wochen Amerika! Super!‹« So und nicht anders sei eine selbstbewusste Umgangsweise.

Katharina Grünewalds Appell: die Trennung als Chance begreifen. Auch für sich selbst. »Und im Patchwork die Chance sehen, dass es Kinder bereichert.« Manchmal eben auch materiell, warum denn nicht?

Niklas braucht keinen weiteren Vater. Aber er freut sich über einen richtig guten Freund!

»Mit Alex habe ich mich immer schon gut verstanden. Das war toll, dass der da war.«

Niklas hat zu Alex, dem Partner seiner Mutter, ein sehr enges und freundschaftliches Verhältnis. Wenn er bei seiner

Mutter wohnt, dann ist Alex immer da. Mit ihm zusammen liegt Niklas auf dem Sofa, guckt zufrieden die Sportschau, mit ihm redet er über Fußball. Seit einigen Jahren auch über Mädchen. Mit ihm geht er zum Handball, von ihm hat er sich Skifahren beibringen lassen. Mit ihm fühlt er sich unter Männern, wenn es darum geht, der Mutter seltsame Ideen, wie ins Bett gehen, Hausaufgaben machen, Zimmer aufräumen etc., auszureden.

Niklas war sieben Jahre alt, als er Alex bei einem Handballturnier kennenlernte. Niklas bewunderte ihn und ließ sich ein paar Techniken zeigen. Ziemlich schnell wurde Handball ihre gemeinsame Leidenschaft. Für den Sport standen Alex und Niklas auch am Wochenende in aller Herrgottsfrühe auf. Alex fuhr ihn quer durch NRW zu Jugendturnieren. Seine Mutter hatte mit Handball nichts am Hut, war aber sehr froh darüber, dass ihr Sohn und der neue Partner hier ein wichtiges Bindeglied gefunden hatten.

Als Niklas älter wurde, mit seiner Mutter um mehr Freiheiten kämpfte, abends länger weg wollte, da war es Alex, der sich auf seine Seite stellte und ihn unterstützte. »Bei meiner Mutter konnte man, wenn man nett am Abendbrottisch erzählt hat und ein bisschen geschleimt hat, da konnte man eine Stunde rausholen. Und dann saß der Alex da und sagte: ›Lass ihn doch. Ist doch gut.‹ Das war klasse.«

Niklas hat mit Alex einen erwachsenen Freund gefunden, auf dessen Unterstützung er zählen kann. Ist Niklas bei seiner Mutter, dann erlebt er hier, dass Erwachsene unterschiedliche Auffassungen haben und man als Kind durchaus Chancen hat, einen Verbündeten für seine Interessen zu finden. So wie das Kinder erleben, die in Familien groß werden, in denen die Eltern nicht getrennt sind.

Der Vater von Niklas fühlte sich lange bedroht von dem neuen Partner seiner Exfrau. »Der zerstört meine Familie! Der nimmt mir mein Kind!« Ängste, die auch bei Niklas ankamen, die er als Kind aber nicht verstand. Denn so gern er Alex mochte, seinen Vater würde er nie ersetzen. Warum auch?

»Das war halt das Doofste an der ganzen Trennung, dass mein Vater so einen Hass auf Alex hatte«, erinnert sich Niklas. Jetzt, nach sechs Jahren, habe sich das Verhältnis etwas entspannt. Der Vater habe auch eine Freundin, »cool, sportlich und supernett«. Darüber ist Niklas froh: »Ich freue mich für beide, dass meine Eltern nicht alleine sind.« Er habe sich allerdings auch nie vorstellen können, dass seine Eltern Beziehungen mit Partnern führen würden, »mit denen ich überhaupt nicht kann«. Aber andererseits: »Wenn das so wäre, würde ich nicht dagegen rebellieren, ich würde denen eher so aus dem Weg gehen. Aber das ist ja eben gar nicht so.«

Niklas ist in einer glücklichen Patchwork-Kombination groß geworden. Weil er im Wechselmodell groß wurde, waren die beiden neuen Partner seiner Eltern eine Bereicherung: zwei Menschen mehr, die ihn mögen, die sich um seine Bedürfnisse kümmern. »Wenn das gelingt, dann hat man einen sehr viel präsenteren Vater und eine sehr viel entspanntere Mutter«, sagt Katharina Grünewald dazu. Dazu die »beiden Anhängsel, die neuen Partner der Eltern, die vielleicht als Mentoren fungieren. Man hat also vier Leute, die einem wohlgesonnen sind und einen vorantreiben«.

Wenn das Grundgefüge stimme, dann könne ein Trennungskind von dieser Patchwork-Konstellation im Wechselmodell sehr profitieren.

10. Kinderfreie Tage –
Zeit für Beruf und Hobbys

Nach der Trennung beginnt für alle etwas Neues. Im Wechselmodell bedeutet das: Mütter und Väter haben Zeiten mit Kindern und, ungewohnt, plötzlich Zeiten ohne Kinder. Ein heikles Thema. Wie nutzt der Elternteil, der gerade ohne Kind ist, die Zeit ohne Sohn oder Tochter? Zum beruflichen Durchstarten? Oder sitzt er traurig auf dem Sofa, grämt sich und vermisst? Oder spürt er manchmal sogar ein wenig Freude auf die kinderfreie Zeit?

»Nur noch zwei Tage – dann hast du sie!« Thorsten freut sich auf die kinderfreie Woche

Manchmal ist man froh, wenn der andere übernimmt. So reich das Leben mit Kindern ist: Es ist auch anstrengend und turbulent. Arbeit und Kindererziehung unter einen Hut zu bringen kostet Kraft. Wenn sich Simon und Felix streiten wie die Kesselflicker, sich anbrüllen: »Geh aus meinem Zimmer!«, dann ertappt sich ihr Vater Thorsten durchaus bei dem freudigen Gedanken: »Noch zwei Tage und ich bin sie los!«

Anfangs hat er sich dafür geschämt, hatte ein schlechtes Gewissen. »Darf ich so denken, so empfinden?« Er hat darüber nachgedacht, auch mit seiner Ex-Frau darüber gesprochen, die dann zugab, diese Stoßseufzer mitunter auch in den Himmel zu schicken: »Noch zwei Tage, dann sind sie wieder bei dir!« »Den Gedanken hat man«, sagt Thorsten,

»den kann man nicht von der Hand weisen. Ich glaube, es ist ganz wichtig, dass man sich als Erwachsener diesen Gedanken erlaubt, dafür kein schlechtes Gewissen hat und sich auf die Zeit freut, in der man dann mit sich alleine ist.« Thorsten erzählt, dass er sich das aber erst beibringen musste, dass er lernen musste, das schlechte Gewissen nicht mehr zu empfinden. »Anfangs habe ich mich erschreckt über mich selbst«, sagte er, »oh, du schlechter Vater, wie kannst du so was denken? Dein Ziel muss doch eigentlich sein, diesen Streit mit den Kindern zu schlichten und dich nicht einfach entziehen.«

Thorsten hat gelernt, auch die Zeit zu genießen, wenn die Kinder bei der Mutter sind. In der kinderfreien Woche trifft er Freunde, ist viel unterwegs und sitzt auch länger im Büro, um liegen gebliebene Arbeit aus der Kinderwoche nachzuholen. Er kann die kinderfreie Zeit genießen, weil er die Gewissheit hat, am Sonntag kommen sie wieder. »Wie schön«, denkt er dann.

Sybille vermisst Ben die ganze Zeit

Sybille, die Mutter des vierjährigen Ben, sagt nicht: »Wie schön.« Für sie ist die Zeit ohne ihren Sohn erst einmal leer. »Ich lese dann viel oder spiele mal am Computer und putze meine Wohnung.« Weitere Hobbys habe sie nicht, als Hartz-IV-Empfängerin sei sie ja finanziell auch sehr eingeschränkt. Beruflich will sich die gelernte Einzelhandelskauffrau neu orientieren, aber noch nicht so bald, weil sie gesundheitlich angeschlagen sei. Ihr körperlicher Zustand, erzählt die 32-Jährige, sei dann auch der einzige Grund, warum sie sich manchmal doch freue auf die Zeit, wenn Ben bei seinem Vater sei: »Wenn ich weiß, wenn ich morgen Nachmittag müde bin, dann kann ich mich noch einmal eine Stunde hinlegen, ohne Zeitdruck.« Aber eigentlich sei sie darauf nicht angewiesen, schöner sei es, wenn Ben bei ihr sei.

Trennungsberater Ralf Stallbaum findet es schade, dass Sybille die kleinen Momente der Entlastung nicht ohne Einschränkung genießen kann. »Hier bietet das Wechselmodell eigentlich eine große Chance für Eltern, dass sie in Ruhe Dinge tun können für sich selbst.« So wie Thorsten, der sich ganz zu Recht auf ein kinderfreies Wochenende freue und den Stress seiner Ex-Frau überlassen könne. »Man kommt einfach weg von der Glorifizierung.«

»Es ist wichtig, mal Zeit für sich zu haben.« Verena braucht die kinderfreie Zeit hauptsächlich für die Arbeit. Aber nicht nur

Verena ist Mutter von drei Kindern. »Ohne das Wechselmodell könnte ich nicht arbeiten«, sagt sie sehr klar. Nach der Trennung beendete sie ihre Ausbildung zur Krankenpflegerin und arbeitet seitdem im Schichtdienst, eine 75-Prozent-Teilzeitstelle mit dreißig Stunden Wochenarbeitszeit. Verena ist darauf angewiesen, dass ihr Mann flexibel die Zwillinge Marie und Jennifer sowie Sohn Hannes übernehmen kann: »Bei mir ist es nie so, dass ich vier Tage arbeite und drei frei habe, das ist immer unregelmäßig, mal arbeite ich sechs Tage und habe vier frei.« Verena nervt das, »aber ich brauche diesen Beruf, um Geld zu verdienen, um davon zu leben«. Verena erinnert sich, dass sie vor einigen Jahren, zu Beginn des Wechselmodells, damit haderte, ihre Kinder deutlich weniger zu sehen als vorher. »Alles war anders als zu der Zeit, als ich nicht gearbeitet habe.« Doch mit der anstrengenden Schichtarbeit habe sich ihre Einstellung zu dieser Lebensform gewandelt: »Ich bin finanziell unabhängig, ich kann mir etwas leisten, kann den Kindern etwas kaufen und auch sparen. Das finde ich klasse, und es hat eine sehr wichtige Rolle gespielt, dass ich zu der positiven Haltung gefunden habe.«

Verena schämt sich nicht dafür, auch die kinderfreie Zeit zu genießen: »Vielleicht ist es auch für andere Mütter gut zu erkennen, dass es wichtig ist, mal Zeit für sich zu haben. Dass man dann keine schlechte Mutter ist.« Sie nutze freie Stunden für Weiterbildung, »in der Medizin gibt es täglich etwas Neues«, oder einfach mal zum In-die-Stadt-Gehen. »Diese Zeit zum Auftanken, die haben alleinerziehende Mütter nicht, die sind immer im Stress.« Sie aber könne sich mit neuer Energie wieder ihren Kindern zuwenden, weil das Wechselmodell mit ihrem Ex-Mann gut funktioniere.

Verena ist gelungen, woran sich viele Mütter schwertun: das Loslassen ihrer Kinder. »Viele Frauen fühlen keinen eigenen Wert für sich, sondern definieren sich nur über ihre Kinder«, beschreibt es Trennungsberater Stallbaum. Diese Mütter müssten lernen, dass es noch andere Werte gebe im Leben. »Das Wechselmodell nimmt die Situation vorweg, wie es ist, wenn die Kinder das Haus verlassen.« Das könne nicht jede Frau genießen.

»Aber ich kann ja auch in späteren Jahren noch tolle Sachen machen«. Jörn verschiebt seine Hobbys

Jörn, der Ex-Mann von Verena, arbeitet als selbstständiger Elektronikfachmann. Er kann sich seine Zeit gut einteilen, deshalb übernimmt er die Betreuung seiner drei Kinder mindestens hälftig. Und auch er kennt das Gefühl, sich über freie Minuten zu freuen. »Wenn die Kinder bei ihr sind, dann genieße ich das erst, dann nutze ich die Zeit zum Arbeiten. Aber am zweiten und dritten Tag wird es mir dann schon zu still.« Das optimale berufliche Durchstarten

– zurzeit ist es eher ein logistischer Drahtseilakt, wenngleich es immer besser laufe. Und manchmal, findet Jörn, kommen seine Bedürfnisse zu kurz. »Aber ich kann ja auch in späteren Jahren noch tolle Sachen machen«, glaubt er. »Für mich ist das Leben spannend, ich war selten so glücklich, im Großen und Ganzen.«

Karriere, wenn die Kinder aus dem Gröbsten raus sind? Eine Überlegung auch für Väter?

Jörn engagiert sich in einer Organisation für getrennte Väter. Dort beobachtet er, dass viel mehr Männer beruflich zurückstecken wollen zugunsten der Kinderbetreuung. »Die wollen Verantwortung übernehmen.« Jörn meint, es müsse mehr Teilzeit-Arbeitsmöglichkeiten für Väter geben: »Da sind wir erst ganz am Anfang. Wir müssen in die Industrie hinein, aber das dauert wohl noch …«

Während das Wechselmodell Müttern oft den beruflichen (Wieder-)Einstieg ermöglicht, bremst es Männer in Sachen Karriere eher aus. Dieses Gefühl hat zumindest Christian, der Vater von Lorenz. Als der Zwölfjährige zur Welt kam, studierte Christian noch. Als Lorenz drei Jahre alt war, ging die Ehe auseinander. Für das Wechselmodell hat Christian von Anfang an gekämpft, Mittlerweile ist er Wissenschaftler an einem kleineren Institut und hat noch nie eine Vollzeitstelle gehabt, »immer nur 70 bis 80 Prozent«-Stellen. »Meist arbeite ich in den Wochen, in denen Lorenz da ist, weniger, und wenn er nicht da ist, mehr.« Seine Erfahrung: Je älter Lorenz wird, desto schwieriger ist es, Kinderbetreuung und Arbeit zu vereinbaren. »In der Grundschule war er immer nachmittags bis 16 Uhr betreut, aber auf dem Gymnasium fällt ständig Unterricht aus, und die Hausaufgabenhilfe geht höchstens bis halb drei.« Früher, mit einem kleineren Kind, konnte Christian abends arbeiten. »Geht aber auch nicht mehr, weil Lorenz nicht mehr so früh ins Bett geht.« Einmal volle Kraft arbeiten, das fühlt sich toll an, hat Christian in den letzten Sommerferien erlebt. Da war Lorenz mit seiner Mutter sechs Wochen lang in deren Heimatland Ecuador. »Da habe ich mehr Verantwortung übernommen in meinem Job, das hat mir gefallen, das war richtig schwierig, hinterher wieder weniger zu arbeiten.« Dies sei das erste Mal gewesen, dass er einer möglicherweise verpassten Karriere nachgetrauert habe. Aber: »Ich würde es wieder so machen mit dem Wechselmodell.« Und vielleicht sehe das in drei, vier Jahren ja auch wieder ganz anders aus mit den beruflichen Möglichkeiten, wenn Lorenz älter sei und nicht mehr so viel Betreuung benötige, »dann muss ich nachmittags nicht mehr um halb drei heimkommen«.

Tatsächlich ist es so, dass sich im Wechselmodell die Väter mit denselben Sorgen herumschlagen, die sonst meist alleinerziehende Mütter bewältigen müssen: Schulschluss, Kinderbetreuung, Einkauf, Organisation ... Und sie müssen ebenso wie die Mütter die finanziellen Einbußen hinnehmen. »Ja, Väter im Wechselmodell machen das vermehrt«, sagt Ralf Stallbaum. Die machten pünktlich Schluss auf der Arbeit und argumentierten wie Christian: »Es sind ja nur ein paar Jahre, die ich mit dem Kind habe. Und die will ich auch haben.«

11. Knackpunkte im Wechselmodell: Wenn einer aufhören möchte

Wie lange wollen Kinder wechseln? Eltern machen sich Gedanken

Steigen Kinder irgendwann aus dem Wechselmodell aus? Oder sind die Gegebenheiten plötzlich so, dass es sich nicht weiterführen lässt? Jörn, der Vater von Jennifer und Marie, sieben Jahre alt, und des zehnjährigen Hannes, macht sich da so seine Gedanken. »Ich merke ja jetzt schon, dass die Kinder mich nicht mehr so sehr brauchen wie noch vor einigen Jahren.« Aber wie es weitergehen werde im Wechselmodell? Wenn die Kinder älter werden, noch selbstständiger? Nicht mehr täglich von der Schule abgeholt werden? Er wieder mehr arbeiten muss oder möchte? Jörn wartet ab: »Wie das genau funktionieren wird, das weiß ich noch nicht.« Jörn hört gerne Beispiele von anderen Familien, wo das Wechselmodell über die Jahre hinweg geklappt hat. »Wie das bei uns sein wird? Eine spannende Frage.«

Die stellt sich auch seine Ex-Frau Verena. Sie glaubt, dass ihr Ex-Mann für die Kinder weiter sehr wichtig sein wird, schon weil er den dreien mehr bei den schulischen Herausforderungen helfen kann. Vielleicht werde er sogar wichtiger als sie, ein Gedanke, den sie als sehr schwierig empfindet. »Ich habe mir in meinem Kopf schon ein Modell gebaut. Wie ich reagieren werde, wenn ein Kind sagt, ich möchte jetzt bei Papa bleiben.« Verena sagt, sie werde »nie ein Kind zwingen, bei mir zu bleiben«. Sie setzt auf das starke Band: »Ich denke positiv, dass sich meine Kinder nicht von der Mama trennen wollen.«

Auch Christian, Vater des zwölfjährigen Lorenz, setzt sich mit der Zukunftsfrage auseinander. »Bisher haben wir Eltern ja gesagt, wir machen das so mit dem Wechselmodell, das war unsere Entscheidung.« Wann komme der Punkt, an dem Lorenz mitentscheiden dürfe? »Ich glaube, dieser Zeitpunkt rückt näher.« Und Christian und seine Ex-Frau haben schon darüber gesprochen: »Wir glauben, wenn Lorenz jetzt sagen würde, er will nicht mehr, dann würden wir das ernster nehmen als noch vor ein paar Jahren.« Vor ein paar Jahren, gibt Christian zu, hätte er einen solchen Wunsch von Lorenz abgelehnt, schon weil er als Vater so um diese Lebensform gekämpft habe und so viele Emotionen damit verbunden gewesen seien. »Aber jetzt würde ich ernsthaft mit ihm und seiner Mama darüber sprechen, jetzt würde das gehen.«

Der Papa kommt und Ben weint. Kleine Kinder verstehen nicht immer, warum sie wechseln

Manchmal fällt Kindern das Wechseln schwer. Sie wollen nicht mitgehen, wenn der andere sie abholt, sie wollen ihre Sachen nicht packen oder sagen, dass sie nicht mehr wollen. Hier müssen Eltern genau hinsehen und überlegen, woran es liegen könnte.

Der kleine Ben ist vier Jahre alt, er wohnt von Freitag bis Freitag entweder bei der Mutter oder bei seinem Vater. Das allwöchentliche Verabschieden hat sich für Sybille und Ben ganz gut eingespielt. Sybille bringt ihren Sohn morgens in den Kindergarten. »Ich sage ihm ganz normal ›Tschüss‹, mit Küsschen und Drücker«, erzählt die Mutter. Ben winkt

– und dann, nach dem Spielvormittag, beginnt für ihn die Papa-Woche.

Sybille kämpft zwar immer mit Schuldgefühlen und ihrem Bild von einer guten Mutter, aber meist bekommt sie die Woche ohne ihren Sohn ganz gut hin. Doch manchmal gibt es eine Situation, wo sie nicht weiterweiß: Wenn der Vater beruflich besonders stark eingespannt ist, bringt er in »seiner« Woche Ben nachmittags für ein paar Stunden zur Mutter. Dann geht der Stress los, weil Ben dann oft bei der Mama bleiben will, wenn der Papa ihn abholen kommt. Ein heulender Ben auf dem Sofa: »Mir zerreißt es ganz ehrlich das Herz, wenn ich dem Ben sagen muss: Du musst jetzt mitgehen.« Die Mutter sorgt sich um die Psyche ihres Sohnes: »Ich habe Angst, dass das Urvertrauen zerreißt, dass es für ihn wie abschieben ist, wenn ich ihm sage: ›Du darfst hier nicht schlafen!‹«

Deshalb sagt Sybille das auch nicht. Sie sagt einfach gar nichts, sondern wartet ab. Meist geht dann der Vater, beleidigt, verärgert – und ohne seinen Sohn. »Ich freue mich dann, dass der Ben halt bei mir bleibt. Ich weiß aber auch, dass es nicht richtig ist, weil der Kleine versucht, uns gegenseitig auszuspielen.« Aber sie wisse doch nicht, was im Kopf eines Vierjährigen vor sich gehe. »Er ist doch mein erstes Kind.«

»Kinder erkennen die Bedürftigkeit der Eltern.«

Ralf Stallbaum kennt solche Familienereignisse. Und für ihn ist die psychologische Konstellation recht eindeutig: »Kinder greifen ein, denn Kinder sorgen für ihre Eltern.« In diesem Fall bedeutet das: Der kleine Ben spürt die Bedürftigkeit seiner Mama. »Die kann er schlecht aushalten, dann sagt er, er will nicht weg von ihr. Und sorgt so dafür, dass es seiner Mutter wieder gut geht.« Jede Beziehung hat eine Funktion. Und das bisschen schlechtes Gewissen kann Sybille gut aushalten für das angenehme Gefühl, den Sohn auf ihrer Seite zu haben.

Dabei ist Sybille eigentlich froh, dass ihr Sohn sonst so ein gutes Verhältnis zu seinem Vater hat. Ralf Stallbaum rät der Mutter, in guten Momenten in sich hineinzuhorchen: »Was sind meine Ängste?« Vielleicht sorgt sie sich, dass sie Ben ganz an den Vater verliert. »Wenn er mal nicht zu mir kommen wollte, das würde ich nicht aushalten«, sagt Sybille einmal im Gespräch.

Auch wenn sie immer wieder hadert – grundsätzlich ist die 32-Jährige bereit, ihr Kind abzugeben. Allerdings: »Jeder schafft sich eine Umgebung, die er kennt«, sagt Ralf Stallbaum. Für Sybille bedeutet dies: »Sie tut in dieser kinderfreien Zeit das, was sie immer tut: zweifeln.« Dabei liege gerade in den Tagen ohne Ben für Sybille die große Chance, sich mit ihren Lebensthemen zu befassen, ihren Selbstzweifeln, ihren Schuldgefühlen. Ist es nicht schädlich für den kleinen Ben, wenn er die Zerrissenheit seiner Mutter so spürt? Ralf Stallbaum gibt Entwarnung: »Sybille sollte ihr Kind wahrnehmen und aushalten, dass der Kleine sich engagiert.« Man könne auch kleine Kinder nicht vor traurigen Erfahrungen schützen, das sei aber nicht schlimm.

Sybille müsse sich von der Idee verabschieden, dass jeder Schmerz und jede Kränkung etwas Schlechtes sei und sowieso alles Schlechte nur wegen der Trennung geschehe. Stallbaum: »Es gibt kein Leben ohne Konflikte, auch nicht in der Regelfamilie. Es ist nicht alles ideal.«

Aber wenn die konkrete Situation – Ben will nicht mehr mit zum Vater zurück – kaum auszuhalten sei für alle Beteiligten, dann müsse man einen anderen Weg suchen: Vielleicht sei es besser, wenn der Rhythmus zunächst nicht durchbrochen werde, wenn Ben in der Papa-Woche auch nur von seinem Vater betreut werde.

Veränderungen: Auch Alexander weint, wenn er zum Vater soll

Auch Annette, die Mutter von Alexander, weiß manchmal nicht mehr weiter. Seit einigen Jahren ist sie von Alexanders Vater getrennt; seit dieser Zeit lebt die Familie das Wechselmodell. Annette arbeitet wochenweise in einer anderen Stadt, die Teilzeitstelle als Buchhändlerin finanziert ihr Leben. Annette ist von dem Familienmodell überzeugt, in zweifacher Hinsicht: »Ich wollte immer, dass Alexander engen Kontakt zu seinem Vater hat. Und es würde auch beruflich für mich gar nicht anders gehen.« Die ganze Zeit über klappte das Wechseln prima, Alexander ging entspannt und kam entspannt zurück von der Vater-Woche. Seit dem letzten Sommer ist das anders: Der Zehnjährige weint, wenn der Wechseltag da ist. Und wenn er dann bei seinem Vater ist, quillt Annettes Mobilbox über von kläglichen Anrufen ihres Sohnes, der seine Mutter so vermisst. Annette ist ratlos: »Er war immer ein Mama-Kind. Aber so war es nie.« Der Vater schafft es kaum mehr, gegenüber seinem Sohn Verständnis aufzubringen. Er ärgert sich, dass der Alltag mit Alexander plötzlich mit Traurigkeit beschwert wird, und macht Annette dafür mitverantwortlich. Die findet das ungerecht.

Ist hier vielleicht eine ähnliche Situation wie bei Sybille und Ben? Möchte Annette innerlich vielleicht ihren Sohn nicht ziehen lassen? »Das kann nicht der Grund sein«, sagt Annette. Sie liebe Alexander über alles, aber sie stehe voll hinter den Vereinbarungen, die sie mit Alexanders Vater getroffen hat, um das Wechselmodell umzusetzen.

Wenn ein Kind plötzlich so traurig reagiert, dann muss es nicht an der Familienform liegen. Die Psychoanalytikerin Birgit Schmitt weiß, dass plötzliche Veränderungen im Lebensumfeld solche Reaktionen auslösen können. Ob da etwas gewesen sei? Annette muss nicht lange überlegen:

»Alexander ist auf die weiterführende Schule gekommen, aber da läuft es ohne Probleme.« Allerdings: Sie habe vor einigen Monaten eine neuerliche Trennung erlebt von einem neuen Partner – und Alexander damit auch. Unter anderem erfolgte ein Umzug. »Es kann sein, dass Kinder nach Veränderungen die ursprüngliche Sicherheit, die sie als Babies und Kleinkinder bei ihrer Muter gefunden haben, erneut brauchen«, sagt Birgit Schmitt. Dass sie es nach zu vielen Neuerungen in ihrem Alltag – vor allem, wenn das die Beziehungen betrifft – nicht mehr hinbekommen, auf die eigenen Kräfte zu vertrauen, vielleicht ängstlicher werden und dann die Mutter erneut suchen. Ein Erklärungsansatz, der Annette einleuchtet, den sie näher hinterfragen möchte. Sie überlegt, ob sie und Alexander professionelle Hilfe in Anspruch nehmen werden.

»Ich will nicht mehr wechseln.« Rina, 15, ist alles zu stressig

Manchmal beenden ältere Kinder das Wechselmodell. Ganz bewusst, wie die 15-jährige Rina.

»Ich hab schon das Gefühl gehabt, dass es meinem Vater wehgetan hat, als ich gesagt habe, dass ich nicht mehr bei ihm wohnen will.« Trotzdem hat Rina das durchgezogen, weil sie zum Schluss bei ihrem Vater das Gefühl hatte, »dass ich gar keine Lust mehr habe, hier zu sein. Wenn ich bei meiner Mama bin, dann habe ich so mehr das Gefühl, dass ich mich da so ausruhen kann.« Die Vorgeschichte: Beim Vater hatte es immer wieder Streit gegeben wegen irgendetwas – unaufgeräumtes Zimmer, Zuspätkommen in der Schule, Diskussionen und Forderungen des Vaters, komplette Abwehr bei Rina. Und dann fiel dieser Satz: »Ich gehe da nicht mehr hin.«

Es folgt eine Krisensitzung mit Rina und ihrem Vater in

der Wohnung von Renate, der Mutter. »In dieser Situation bestehe ich vorerst nicht mehr darauf, dass Rina auch bei mir wohnt«, sagt der Vater. Rina sei älter als 14 und dürfe jetzt eben auch mitentscheiden, wo sie bleiben wolle. »Das war zwei Monate vor den Osterferien«, erinnert sich Renate. Sie selbst war einverstanden, dass die große Tochter erst mal dauerhaft nur bei ihr sein sollte, der jüngere Bruder wollte weiter wechseln im Zwei-Wochen-Rhythmus. Ein schlechtes Gewissen ihrem Vater gegenüber hat Rina durchaus, doch sie ist fest entschlossen, wenigstens mal eine Pause vom Wechselmodell einzulegen. »Bei dem ganzen Streit ist es dann besser, wenn man das dann so macht, damit es einen selber nicht noch mehr kaputtmacht.« Ihr Vater wirft ihr vor, sie laufe den Konflikten aus dem Weg, sie mache es sich zu leicht. Rina streitet das ab, hat aber keine andere Idee, sich mit ihrem Vater zu vertragen, als zu gehen. Der Vorwurf ihres Vaters arbeitet in ihr. Vielleicht aber denkt sie insgeheim: Ein bisschen recht könnte der Papa schon haben. Doch dieser Gedanke muss erst einmal warten. Das Wichtigste im Moment ist, dass sie bei ihrer Mutter wohnen kann. Denn hinzu kommt ja, dass Rina das ständige Umziehen zuletzt genervt hat: »Ich wusste, in zwei Stunden gehe ich rüber, aber ich konnte mich dann einfach nicht aufraffen, jetzt aufzustehen und meine Sachen zu packen. Und dann stehen Jonathan und meine Mama in der Tür und sagen: ›Ja, wir gehen jetzt!‹ Und ich, ich guck so rum, ja gut, ich hab nicht aufgeräumt, ich hab nicht gepackt: ›Wartet Ihr noch kurz?‹ Ja, dann warten die noch kurz, dann schmeiß ich alles in so eine Tasche rein, dann passt nicht alles, und dann weiß ich, ich muss morgen noch mal wiederkommen, den Rest holen, dann bin ich irgendwie bei meinem Vater, dann denk ich, wo ist mein Armband, das will ich unbedingt anziehen, ich finde es hier nicht. Vielleicht ist es drüben. Dann geh ich rüber und suche es. Dann ist es da auch nicht, dann renne ich die ganze

Zeit hin und her.« Bis zu den Osterferien soll die neue Regelung erst einmal ausprobiert werden. Rina wird ihren Bruder Jonathan dann seltener sehen. Das bekümmert sie, denn die Beiden hängen sehr aneinander: »Jonathan ist so süß!« Dennoch: Rina atmet auf. »Das Wechselmodell war mir zum Schluss echt zu stressig.« Rinas Mutter Renate dagegen muss sich geradezu daran gewöhnen, dass die Tochter jetzt immer bei ihr ist. Es gibt keine kinderfreie Zeit mehr, ein spürbarer Einschnitt, zumal sich auch Rina und ihre Mutter ordentlich streiten zwischendurch. Renate fragt sich bei manch lauter Auseinandersetzung mit der Tochter, ob nicht auch ihr gegenüber bald der Satz fällt: »Zu der gehe ich nicht mehr hin!«

Eltern müssen loslassen können

Die Erfahrung von Rina und ihren Eltern gibt es im Wechselmodell häufiger. Dass pubertierende Kinder nicht mehr hin- und herziehen wollen, »das hat mit der Entwicklung des Kindes zu tun, weniger etwas mit den Eltern«, sagt Ralf Stallbaum. »Wenn das Kind mit 14, 15 oder 16 eigene Ideen für sein Leben hat, dann bricht es aus dem Halbe-halbe-Modell aus.« Rina habe nicht zur Mutter ziehen wollen, weil sie diese stabilisieren wollte – nein, diese Entscheidung war ziemlich egozentrisch, Rina wollte Abstand vom Streit mit ihrem Vater. Andere Kinder beenden das Wechselmodell, weil sie vielleicht den kürzeren Weg zur Schule von einem Elternteil bevorzugen. Die Jugendlichen handeln nach ihrer Lebensplanung. Dann müssten Eltern Größe zeigen: im Loslassen. »Das tut den Eltern sicher ein bisschen weh.« Aber man könne sich auch sagen: »Da ist was draus geworden!« Denn, so Ralf Stallbaum: »Die Belohnung für eine gute Kindererziehung ist – Eigenständigkeit.«

Gas geben fürs Abi: Britta glaubt, dass Julian jetzt eine Wechselpause braucht

Auch Eltern kommen an den Punkt, an dem sie etwas verändern wollen. Die Gründe sind unterschiedlich. Möglicherweise verändern sich die Beziehungen, die Wohnorte, die Arbeitszeiten. Wichtig nur ist, dass alle damit einverstanden sind, wenn das Familienmodell verändert werden soll.

Britta beobachtete bei ihrem 17-jährigen Julian, dass er immer schlunziger wurde. In sein Zimmer ging sie schon gar nicht mehr, weil sie die leeren Yoghurtbecher, die benutzten Teller, die Berge von schmutziger Wäsche und den völlig überfüllten Schreibtisch, auf dem sich außer Schulbüchern alles türmte, nicht mehr sehen wollte. Julian war in der Jahrgangsstufe 12, in einem Jahr sollte er das Abi bestehen? »Niemals, wenn das so weitergeht«, befürchtete Britta. Sie traf sich öfter mit Julian und seinem Vater, um gemeinsam zu überlegen, wie Julian das Abitur schaffen könnte. Wenn er es denn wollte. Ja, er wollte unbedingt und war bei diesen Gesprächen immer sehr schnell ziemlich genervt. »Läuft doch«, versuchte er zu beschwichtigen, »ich mach das schon. Ich hab das im Griff.« Stattdessen Anrufe vom Lehrer: Ob Julian die Zulassung zum Abi bekäme, sei fraglich. Er müsse sich jetzt am Riemen reißen.

Britta und Julians Vater beschlossen, das Wechselmodell für ein Jahr, bis zum Abitur, auszusetzen. Julian war einverstanden, jetzt nur noch bei seiner Mutter zu wohnen. »So war das auch gut«, sagt er heute im Rückblick. »Aber in der Schule bin ich dadurch nicht besser geworden!« Doch einen Vorteil hatte die Pause in Julians Augen: Er verstand sich mit seinem Vater wieder besser. »Da war früher viel mehr Stress so nach der Schule, deshalb fand ich die Veränderung auch sehr gut. Aber als kleines Kind hätte ich das, glaube ich, nicht gewollt, das hätte ich mir nicht vorstellen können, nur bei meiner Mutter zu wohnen.«

Nach dem bestandenen Abitur blieb Julian bei seiner Mutter wohnen. Er setzte das Wechselmodell nicht mehr fort. Inzwischen ist er 19 und leistet seinen Zivildienst im Altenheim ab. Seinen Vater sieht er nicht mehr so oft wie früher, als er noch pendelte. Doch wenn er ihn besucht und sie etwas zusammen essen – der Vater kocht so lecker –, dann verstehen sie sich einfach gut, weil alles sehr entspannt ist.

Auszug von Papa aus praktischen Gründen: Felix kommt schneller zur Arbeit

Auch Felix ist zusammen mit seinem Bruder Simon viele Jahre zwischen seinen Eltern hin- und her gependelt. Seit einem Jahr aber wohnt Felix nur noch bei seiner Mutter, weil er zunächst eine Zivildienststelle im Krankenhaus hatte. Das Krankenhaus, in dem er arbeitete, liegt in unmittelbarer Nähe zur Wohnung seiner Mutter. »Praktisch«, sagt er rückblickend, »ich war viel schneller bei der Arbeit, gerade wenn ich Frühschicht hatte, war ich froh um jede Minute, die ich länger schlafen konnte.« Mittlerweile macht Felix eine Ausbildung bei einer Versicherung, auch diesen Arbeitsplatz kann er vom Wohnort der Mutter aus schneller erreichen. Felix stellt, genau wie Julian, zufrieden fest, dass er sich mit seinem Vater gar nicht mehr streitet, seitdem er ganz bei seiner Mutter wohnt.

Felix' Vater Thorsten hatte sich auf den Auszug seiner Kinder vorbereitet, wobei der jüngere Sohn Simon ja noch immer hälftig bei ihm lebt. »Es ist etwas, was man vorhersieht«, sagt Thorsten. Auch er freut sich darüber, wie sehr sich das Verhältnis zu seinem erwachsenen Sohn jetzt entspannt hat. Kein Alltagskram, wie Spülmaschine-Ausräumen oder Müll-Raustragen, über den sie sich streiten müssen

Rina vermisst ihren Papa und wechselt wieder

Wie verabredet, hat Rina bis zu den Osterferien nur bei der Mutter gewohnt. Doch während dieser Zeit ließ Rina den Kontakt zum Vater nicht abreißen. Sie traf ihn zwischendurch, mal zum Essen beim Griechen, dann auf einen Stadtbummel. Und dann, kurz vor den Osterferien und einer Städtereise des Vaters, dessen neuer Partnerin und ihrem kleinen Bruder nach Oslo, entschied Rina: »Ich möchte mitfahren.« »Klar, gerne«, sagte der Vater. Es war ein Urlaub ohne Stress, fand Rina, so richtig schön, obwohl sie Französisch-Sachen dabei hatte und der Vater sie hartnäckig daran erinnert hatte, dass da noch Vokabeln zu lernen seien. Trotzdem war alles irgendwie harmonisch, und Rina liebt nun mal ihren Vater auch. Nach den Osterferien dann packte Rina am Sonntagabend ganz selbstverständlich bei der Mutter ihre Tasche, suchte früh genug nach ihrem Lieblingsarmband und sagte, zusammen mit ihrem Bruder Jonathan, der Mutter: »Tschüss«! Seitdem zieht sie wieder alle zwei Wochen hin und her. Warum? »Keine Ahnung, eben einfach so.« Jedenfalls ohne Murren, freiwillig. Manchmal schickt sie der Mutter per Handy ein Foto, wie sie ihr Zimmer beim Vater umgestaltet. Klamotten und Hefte liegen wieder auf dem Boden. »Aber ich räum' noch auf«, steht in der SMS. Der Vater hofft das wohl auch …

12. Eine Woche Mama, eine Woche Papa: Plädoyer und Fazit

Für dieses Buch haben wir mit vielen Familien gesprochen, die das Wechselmodell praktizieren. Wir bekamen Einblicke in den Alltag, in diese Lebensform. Mit Offenheit und großem Vertrauen erzählten uns Mütter, Väter und Kinder, wie sie nach der Trennung in das Wechselmodell hineinwuchsen, wie sich Gefühle veränderten und Wertigkeiten verschoben. Alle unsere Interviewpartner, Eltern, Kinder und im Wechselmodell groß gewordene junge Erwachsene, baten wir letztlich um ein Fazit. Für den 19-jährigen Julian fällt das eindeutig aus:

»Ich war sehr glücklich. Ich bin wahrscheinlich das glücklichste Trennungskind Düsseldorfs ... Deutschlands!«

Julian meint rückblickend: »Die beiden haben das sehr, sehr gut gemacht! Wenn alle Eltern so sind wie meine, dann würde ich das Wechselmodell auf jeden Fall empfehlen. Wenn man sich einigen kann, wenn man das Kind aus Streit so gut raushalten kann, wenn man es trotz der Trennung noch gebacken kriegt. Eine Woche da, eine Woche da – das war für mich sehr, sehr gut. Ich fand das Wechselmodell toll.«

Britta lacht verlegen, aber auch gerührt, als sie liest, wie ihr Sohn Julian auf elf Jahre Wechsel-Alltag zurückschaut. Regelmäßig ist er zwischen ihr und ihrem Ex-Mann hin-

und hergezogen. Jetzt ist er 19, ziemlich entspannt und irgendwie ... irgendwie ist er doch normal. Sie lächelt, wenn sie die neueste Prophezeiung der anderen hört: »Warte ab, bis er dreißig ist, dann zeigen sich alle Macken!« Ja. Britta wird abwarten. Mutter ist sie schließlich lebenslang. Und heute gönnt sie sich Stolz und Zufriedenheit darüber, dass sie Julian eine geborgene, schöne Kindheit bieten konnte: »Ich finde es gut, dass mein Kind auch nach der Trennung mit seinem Vater aufgewachsen ist. Der hat das gut gemacht. Und ich hatte Zeit für meine Arbeit und war immer in der Lage, uns zu finanzieren. Meine Unabhängigkeit war und ist mir sehr wichtig.«

Kritiker des Wechselmodells merken oft an, ein Kind benötige »einen Lebensmittelpunkt«. Es müsse wissen, wo sein Bett steht. Keines der von uns befragten Kinder, ob es nun zehn Jahre alt war oder zwanzig, schien darüber allerdings im Zweifel zu sein. Die Kinder setzen ganz andere Prioritäten.

«Ich kann mir nichts Besseres vorstellen als das Wechselmodell, weil wir eben beide Elternteile hatten.«

Felix ist heute 21 Jahre alt. Er kam gerade auf die weiterführende Schule, als seine Eltern sich trennten. Auch wenn er damals schon zehn Jahre alt war, so fällt es ihm heute doch schwer, sich zu erinnern, wie sein Leben vor der Trennung war. Nach mehr als einem Jahrzehnt im Wechselmodell zieht auch er eine positive Bilanz: »Ich kann mir nichts Besseres vorstellen als das, weil wir eben beide Elternteile hatten. Nicht nur die Idee, sondern auch die Ausführung war super. Dass wir nie hin- und hergerissen wurden, das war super. Dass unsere Eltern nie gesagt haben, Papa ist ein Mistkerl oder Mama ist blöd, das war gut. Das merke ich eben bei vielen, vielen anderen Trennungskindern, dass das so ist. Und das bringt Zerrissenheit, nicht, dass man zwei Wohnorte hat. Das fand ich nie schlimm.«

Felix ist regelmäßig zusammen mit seinem jüngeren Bruder, Simon, 19 Jahre alt, gewechselt. Durchgehend selbst in den Jahren, als ihr Vater eine Beziehung zu einer Frau hatte, die beide nicht so mochten. In dieser Zeit pendelten die Jungen sogar vom Wohnort der Mutter in der einen Stadt zum Haus des Vaters in der Nachbarstadt. Von dort mussten sie mit der Bahn zur Schule fahren – im Rückblick fanden die Jungen das manchmal lästig, aber »es war zu bewältigen«.

»Also ich muss sagen, dass ich ziemlich Glück mit meinen Eltern habe. Ich bin mit beiden klargekommen. Mein Vater ist ein ziemlich harmonischer Mensch, meine Mutter genauso.«

Auch Simon findet, dass seine Eltern das gut hingekriegt haben nach der Trennung. »Also, das ist auf jeden Fall immer gut gelaufen.«

Simon ist ein harmoniebedürftiger Mensch, sagt er über sich selbst. Er hasst Streit, und er ist froh, dass seine Eltern ihn aus ihren Streiterein herausgehalten haben. Seine Eltern seien immer respektvoll und freundlich miteinander umgegangen, wenn sie sich bei der Übergabe trafen. Überwiegend ging es dabei um ihn und um seinen Bruder.

Eine Alternative zum Wechselmodell kann Simon sich nicht vorstellen, denn die Trennung seiner Eltern ist ja nun mal Tatsache. Für Simon war es das Wichtigste, dass er mit beiden Eltern zusammen sein konnte. In seinem Freundeskreis war er ein Exot. Ein Trennungskind, das beide hat. Mutter und Vater.

»Vielleicht ist das Wechselmodell eine prima Ausrede, wenn man keine Ordnung halten will!«

Alle von uns befragten Familien leben in derselben Stadt, manche in fußläufiger Entfernung voneinander. Dann ist es einfacher, das vergessene Mathe-Heft schnell beim anderen Elternteil abzuholen. Das Wechselmodell über weit entfernte Städte hinweg leben – das konnten sich unsere Interview-Partner im Alltag nicht vorstellen.

Die uns beschriebene Realität sieht so aus: Tatsächlich nervt es die Kinder, wenn sie etwas vergessen haben. »Dann muss ich vor der Schule noch bei der Mama vorbei, das ist dann blöd«, sagt etwa der elfjährige Lorenz. Und auch die Eltern ärgern sich über Liegengelassenes. Aber in keinem Interview war Vergessenes oder Organisatorisches ein Argument gegen diese Lebensform. Auch können unseren Interviews zufolge selbst kleinere Kinder prima auseinanderhalten, was bei Mama oder Papa jeweils anders ist und bleibt. Erzieht das Wechselmodell zur Schlunzigkeit, zu unsortiertem Wesen? Auch danach haben wir gefragt. Julian, dessen Eltern das Wechselmodell vor dem Abitur aussetzten, meint: »Wenn ich nur ein Zuhause gehabt hätte, hätte ich vielleicht eine strukturiertere Grundordnung gehabt, bessere Ablageflächen oder so ...« Dann überlegt er ein wenig: »Aber als ich nur noch bei meiner Mutter wohnte, war es auch nicht anders, da habe ich für alle Fächer auch nur einen College-Block benutzt. Aber vielleicht ist das Wechselmodell eine prima Ausrede, wenn man keine Ordnung halten will!«

»Es gibt Sachen, da rede ich nur mit meiner Mama drüber. Und andere, die bespreche ich mit meinem Vater.«

Die 15-jährige Rina streitet in den letzten Jahren viel mit ihren Eltern. Aber sie möchte, auch wenn sie ein paar Wochen lang mit dem Wechseln Schluss machte und bei der Mutter blieb, auf Dauer doch nicht auf ihr Zuhause beim Vater verzichten: »Den habe ich ja auch lieb.« Rina braucht beide Elternteile: »Es gibt Sachen, da rede ich nur mit meiner Mama drüber. Und andere, die bespreche ich mit meinem Vater.«

»Bei diesem Modell haben die Kinder ein anderes Verhältnis zum Vater, als wenn sie den nur am Wochenende haben. Als Wochenendpapa brauche ich ja nicht streng zu sein, warum auch.«

Thorsten hat Simon und Felix im Wechselmodell großgezogen. Er war seinen Söhnen ein richtiger Alltagsvater. Er hat ihre Unterhosen gewaschen, ihre Streitereien ausgehalten, die Vokabeln abgehört, gesundes Essen gekocht. Er ist glücklich und sehr stolz auf seine jetzt volljährigen Jungs.

Thorsten hat aus einer anderen Beziehung eine kleine Tochter. Deren Mutter lehnt das Wechselmodell ab, also sieht Thorsten das Mädchen nur am Wochenende: »Für meine Tochter bin ich der Freizeit-Papa und nicht der Alltags-Papa. Ich weiß, dass es für meine Tochter leicht ist zu sagen: ›Papa, ich habe dich doll lieb.‹ Ich brauche ja nie streng zu sein, warum auch.«

Thorsten hat erlebt, dass seine Söhne mit bestimmten Themen lieber zu ihm kamen. »Es gibt bestimmte Phasen, da ist es für Jungen und Mädchen wichtig, dass sie Dinge mit ihrer Mutter oder mit ihrem Vater besprechen können. Ich bin sicher, dass meine Jungen bestimmte Themen mit mir besprochen haben und nicht mit der Mutter, umgekehrt vielleicht auch.«

»Kinder, die Väter und Mütter haben, denen geht es besser als Kindern, die nur die Fantasie haben von einem Elternteil, der nicht da ist.«

Wollen Eltern, dass ihre Kinder auch nach der Trennung mit Mutter und Vater groß werden, dann gibt es zum Wechselmodell keine Alternative. Kinder, die den Vater nach der Trennung verlieren, haben es schwerer als Kinder, die mit beiden Elternteilen groß werden. Denn beide Geschlechter – Mann und Frau – sind für die Entwicklung eines Kindes wichtig und bereichern es.

»Kinder, die Väter und Mütter haben, denen geht es besser als Kindern, die nur die Fantasie haben von einem Elternteil, der nicht da ist. Im Regelfall die Väter.« Das ist das Fazit von Trennungsberater Ralf Stallbaum. Denn nur hier haben Kinder die Chance, ihre Väter zu behalten, und die Väter haben die Chance, Verantwortung zu übernehmen für ihre Kinder. »Kinder, die ohne Väter groß werden«, sagt Stallbaum, »die überhöhen dann diesen Elternteil. Wenn er nicht da ist, dann ist es ganz entsetzlich. Das sind dann die 15-Jährigen, die 50-jährige Freunde haben und immer einem Bild hinterherjagen und keiner ist gut genug. Kein Mensch, der lebt, erfüllt diese Fantasie.«

Groß werden mit Mutter und Vater, von beiden Bestätigung bekommen als Junge und als Mädchen – das Wechselmodell bietet hier große Chancen. Denn diese Bestätigung ist wichtig auch für die Geschlechtsidentität, sagt die Psychoanalytikerin Birgit Schmitt. Jungen, die ohne Vater aufwachsen, fehle oft die männliche Figur, mit der sie sich identifizieren können. Im Regelumgang, also wenn der Junge seinen Vater nur an jedem zweiten Wochenende sieht, erlebt er ihn nicht in seiner Rolle als Mann im Alltag. Aber für einen Jungen ist es wichtig, zu sehen, wie geht der Vater mit der Lehrerin und auch mit dem Lehrer um, wie verhält sich der Vater im normalen Leben? Im Wechselmodell geht das. Hier erlebt der Junge den Vater im Alltag. Hier kann er sich mit ihm identifizieren, ihn als Vorbild nehmen oder sich von ihm abgrenzen. Das Mädchen wiederum braucht den Vater für seine weibliche Entwicklung genauso, betont Birgit Schmitt: »Der Vater ist wichtig dafür, das Mädchen als Mädchen toll zu finden und so in seiner Weiblichkeit zu bestätigen.«

»Kinder fühlen sich an zwei Orten zu Hause und betrachten Mutter und Vater weiterhin als Teil ihrer Familie.« Deutsches Jugendinstitut, »Wenn Eltern sich trennen: Familienleben an mehreren Orten«

Das ist auch ein Ergebnis der aktuellsten wissenschaftlichen Studie, die das Deutsche Jugendinstitut 2011, 2012 veröffentlicht hat. Die Wissenschaftler haben sich mit insgesamt elf Trennungsfamilien intensiv beschäftigt. Ihnen ging es darum zu erfahren, wie das alltägliche Familienleben an mehreren Orten von Kindern und Eltern erlebt wird. Die Studie bezieht sich nicht allein auf das paritätisch gelebte Wechselmodell, sondern auf verschieden lange Aufenthaltsvarianten der Kinder bei Müttern und Vätern.

Eine wesentliche Erkenntnis: »Den Kindern gelingt (es), Praktiken zu entwickeln, um mit den vielfältigen und zum Teil auch widersprüchlichen Bezügen ihres multilokalen Alltags umzugehen. (...) Sie fühlen sich an zwei Orten zu

Hause und betrachten Mutter und Vater weiterhin als Teil ihrer Familie.« Auch die Wissenschaftler des Deutschen Jugendinstituts stellen nach ihren Gesprächen mit den Kindern fest, dass die eine ganze Menge auf sich nehmen, damit sie nach der Trennung den Alltag mit Mama und Papa leben können. Wörtlich heißt es in der Studie: »Trotz des ausdrücklichen Wunsches der Kinder, den Kontakt mit beiden Eltern aufrechtzuerhalten, stellt das Pendeln zwischen zwei Welten mitunter eine körperliche und emotionale Herausforderung dar. (...) Sie managen einerseits ihre eigenen Gefühle (...). Andererseits managen sie aber auch die emotionalen Reaktionen und Erwartungen ihrer Eltern oder Geschwister.« Darüber hinaus gelinge es den Kindern deutlich schneller als ihren Eltern, das Leben an zwei Orten als Normalität zu sehen.

»Ich weiß, dass meine Kinder es bei meinem Ex-Mann gut haben.«

Tatsächlich scheint es vor allem den Müttern zunächst oft schwerer zu fallen, das Wechselmodell mit vollem Herzen zu leben, dies haben auch unsere Recherchen ergeben. Der Druck von außen, das eigene Mutterbild und unverarbeitete Aggressionen gegenüber dem Ex-Partner mögen dabei eine große Rolle spielen. »Eine positive Haltung dazu habe ich erst bekommen, als ich angefangen habe zu arbeiten.« So wie Verena haben mehrere der von uns befragten Mütter durch die eigene Berufstätigkeit den Zugang zum Wechselmodell gefunden, verbunden mit dem Wissen, dass sie ihren Kindern den Vater nicht vorenthalten möchten. Viele Mütter waren jedoch nach einer Weile erleichtert, dass die gesamte Kindererziehung und -betreuung nicht allein auf ihren Schultern lastet. Das lässt Zeit für den Beruf, für Hobbys, aber auch für neue Partnerschaften – ohne

Schuldgefühle. Voraussetzung: Die Frauen vertrauen ihren Ex-Männern. So wie Verena: »Ich weiß, dass meine Kinder es bei meinem Ex-Mann gut haben.«

»Es ist für mich doch logisch, dass ich, wenn ich besser verdiene, auch mehr schultere.«

Die Väter, die wir befragten, waren von Beginn an für das Modell und setzten alle Hebel in Bewegung, um es in Gang zu bringen. In vielen Diskussionen um diese Lebensform nach einer Trennung werden Väter, die das Modell anstreben, des Egoismus beschuldigt: »Die wollen nur Unterhalt sparen«, sagen kritische Stimmen. Wir können das nach unseren Interviews nicht bestätigen. Tatsächlich müssen die Väter im Wechselmodell oft weniger Kindesunterhalt bezahlen als im Regelumgang. Fakt aber ist, dass die meisten der von uns befragten Männer mehr an ihre Ex-Frauen überweisen, als sie verpflichtet wären. Unserem Eindruck nach tun sie dies nicht, weil sie so gute Menschen sind und ihre Ex-Partnerinnen so sehr mögen. Nein, sie tun dies eher zugunsten ihrer Kinder, weil sie möchten, dass diese nicht unter sehr unterschiedlichen materiellen Bedingungen leben müssen. Jörn, Verenas Ex-Mann, sagt es so: »Es ist für mich doch logisch, dass ich, wenn ich besser verdiene, dann auch mehr schultere. Das ist dann doch irgendwie so, dass man verbunden bleibt mit der früheren Partnerin, eine entfernte Verbindung.«

»Wenn das Wechselmodell gelingt, dann hat das Kind einen sehr viel präsenteren Vater und auch eine sehr viel entspanntere Mutter«.

Diese Erfahrung macht auch Psychologin Katharina Grünewald in Gesprächen mit Familien. Wenn sich beide Eltern um das Kind kümmern, dann heißt das auch, dass zum einen jeder mehr Zeit für sich hat, und zum anderen, dass die »Erziehungsarbeit« auf beide verteilt wird. Denn ein Kind großzuziehen ist auch kräftezehrend. Und da kann es guttun, an den anderen abzugeben oder aber den anderen um Rat und Unterstützung zu bitten. Und dies scheint in Wechselmodell-Familien ganz gut zu funktionieren. Alle von uns befragten Elternteile berichten von relativ unkomplizierten Absprachen untereinander, wenn schnell etwas geregelt werden muss, etwa ein Kind vom zeitlich zuständigen Elternteil nicht abgeholt werden kann.

Die befragten Eltern haben die alten Kränkungen aus den früheren Paarbeziehungen nicht vergessen. Aber diese Verletzungen scheinen in ihrem Alltag keine bestimmende Rolle zu spielen. Für frisch getrennte, noch sehr zornige Ex-Partner mag es kaum auszuhalten sein, sich der Kinder wegen immer wieder austauschen zu müssen. Doch die Eltern, die es geschafft haben, die Paarbeziehung zugunsten ihrer Kinder würdig zu beenden und die Verantwortung als Mütter und Väter gemeinsam zu übernehmen, sprechen von Erleichterung und einem unbeschwerteren Neuanfang. »Ich habe eine Weile gebraucht, bis ich nicht mehr ständig diese Wut auf meinen Ex-Mann hatte«, sagt Heike. Aber das Wechselmodell habe ihr dabei geholfen, sich aus dem Teufelskreis des Auf- und Abrechnens zu lösen, weil sie anerkennen konnte: Als Partner kommt der Ex-Mann nicht mehr in Frage, aber als Vater macht er einen richtig guten Job.

»Ohne ein Mindestmaß an Kooperation der Eltern geht das Wechselmodell nicht.«

Einige der von uns befragten Familien haben Gerichtskontakte gehabt – und alle sind froh, dass sie vorbei sind. »Wenn man das nur über das Gericht ausmachen kann, dann läuft schon irgendetwas quer«, sagt etwa Jörn, der Vater von Hannes, Marie und Jennifer. Er ist in einer Väter-Organisation aktiv, warnt aber davor, im Wechselmodell die rechtlichen Keulen zu schwingen und das Modell plakativ erzwingen zu wollen: »Ohne ein Mindestmaß an Kooperation der Eltern geht das Wechselmodell nicht.«

Ganz andere Fragen seien gesellschaftlich zu klären: Wie könnten Familien das Modell finanzieren, den größeren Bedarf an Wohnraum? Wie lasse sich die Betreuung der Kinder regeln? Welche Arbeitszeitmodelle seien für erziehende Väter praktikabel? »Alles das ist nötig, damit noch mehr Väter nach einer Trennung am Alltagsleben ihrer Kinder teilhaben können.«

Fakt ist nach unseren Recherchen, dass die Väter beruflich zurückstecken, um Kindererziehung und -betreuung zu schaffen. Fakt ist auch, dass die von uns befragten Mütter große Anstrengungen machen, sich beruflich aufzustellen und ihren Lebensunterhalt weitestgehend selbst zu finanzieren.

»Die Vereinbarkeit von Familie und Beruf im Allgemeinen ist eine der bedeutenden Herausforderungen für die Zukunft.«

Familienleben und Job unter einen Hut zu bekommen – das ist nicht nur eine Herausforderung für Eltern im Wechselmodell. Dass hier insgesamt noch einiges im Argen liegt, zu diesem Schluss kommen auch die Volkswirte Stefan P. Rübenach und Matthias Keller. Sie haben für das Statistische Bundesamt den Mikrozensus 2009 unter dem Gesichtspunkt »Vereinbarkeit von Familie und Beruf« ausgewertet und schreiben: »Der Wandel der familialen Lebensformen (zunehmende Erwerbstätigkeit beider Partner, Zunahme der Zahl Alleinerziehender) macht ein Umdenken im Bewusstsein der Öffentlichkeit und daraus resultierend auch umfassende, flexible Betreuungskonzepte erforderlich. Wenn von der Vereinbarkeit von Familie und Beruf die Rede ist, wird damit häufig das Bild von Müttern mit kleinen Kindern verbunden. Aber das Thema ›Familie und Erwerbstätigkeit‹ ist vielfältiger, da zunehmend auch Männer einen aktiven Teil in der Familie wünschen und übernehmen. Die Vereinbarkeit von Familie und Beruf im Allgemeinen ist eine der bedeutenden Herausforderungen für die Zukunft.« Das bestätigt auch der Familienreport 2011 der Bundesregierung. Ihm zufolge würden 60 Prozent aller Vollzeit arbeitenden Männer gerne weniger Stunden wöchentlich arbeiten – zugunsten der Familie. Mehr als 40 Prozent aller Teilzeit arbeitenden Mütter würden dagegen gerne aufstocken. Wir fragen: Vielleicht sind Mütter und Väter im Wechselmodell Vorreiter in einer sich verändernden Gesellschaft, die neue Schwerpunkte setzt?

»Das Wechselmodell ist für alle anstrengend, zugleich aber auch entlastend und beglückend.«

Das ist unser Fazit. In den zahlreichen Gesprächen haben wir erfahren: Jeder muss mit vielen unterschiedlichen Gefühlen klarkommen. Mit Sehnsüchten und Ängsten, mit Freude und Traurigkeit. Es ist ein sehr lebendiges Familienmodell, das allerhand Organisation, Logistik und auch Disziplin verlangt, damit es funktioniert. Die Familien, die wir interviewen durften, haben sich vom Aufwand nicht abschrecken lassen und sprechen lieber von den Vorteilen. Das meiste haben sie »einfach so« geregelt. Wie sich im Leben vieles »einfach so« regelt, wenn man den Druck rausnimmt, alles perfekt machen zu müssen.

Wie lange wird das Wechselmodell funktionieren? Darüber machen sich vor allem die von uns befragten Eltern Gedanken, die jüngere Kinder haben. Die Eltern der Größeren erleben, dass die Kinder durchaus bis ins junge Erwachsenenalter an diesem Modell festhalten. Und was denken Kinder? Rina wird in einigen Wochen 16. Sie überlegt in der letzten Zeit häufiger, wie und wo sie in einigen Jahren wohnen wird, in welcher Stadt sie studieren möchte. Und wie es sein wird, wenn sie tatsächlich irgendwann auszieht. Sie fragt sich, wie sich ihre Eltern fühlen werden, wenn die Kinderzimmer dauerhaft leer bleiben. Sehr lange dauern wird es bis dahin nicht mehr. Zurzeit aber wünscht sich Rina ihr Leben nicht anders, als es gerade ist: »Ich habe zwei Zuhause – eins bei Mama, eins bei Papa.«

Unsere Experten

Katharina Grünewald, Psychologin und analytische Intensivberaterin (WGI), arbeitet als Familiencoach in Köln. Ihr Schwerpunkt: Arbeit mit Trennungsfamilien. Forschung zum Familienmodell Patchwork, Arbeit als Projektleitern beim *rheingold-Institut*, Köln. Interviews im WDR (Servicezeit, Frau TV, Lokalzeit) und ZDF Fernsehen (Mona Lisa, Das Morgenmagazin) zum Thema »Patchwork«. http://www.patchworkfamilien.com

Birgit Schmitt ist Psychologische Psychotherapeutin und Psychoanalytikerin (DGIP). Niedergelassen ist sie mit eigener Praxis in Dortmund. In der Arbeit mit Patienten geht es auch um neue Wege nach schwierigen Trennungen. www.psyprax-schmitt.de

Ralf Stallbaum, Trennungscoach bei der Diakonie Wuppertal, Trennungs- und Scheidungsberatung. Zu ihm kommen Paare in schwierigen Trennungssituationen. http://www.diakoniewuppertal.de

Martina Mainz-Kwasniok, Rechtsanwältin, arbeitet in ihrer Kanzlei in Aachen mit Schwerpunkt Familienrecht. Sie ist ausgebildete Mediatorin, berät Paare bei Trennung. Ein Schwerpunkt ist die Beratung von Trennungspaaren, die das Wechselmodell anstreben. Hier hilft sie bei allen Fragen rund um Unterhalt und Rechtsprechung. http://www.mainz-kwasniok.de

Studie 2011/2012 Deutsches Jugendinstitut:
»Wenn Eltern sich trennen – Familienleben an mehreren
Orten«
www.dji.de/cgi-bin/projekte/output.php?projekt=1120

Datenreport 2011: Der Sozialbericht für Deutschland
Kapitel 2 »Familie, Lebensformen und Kinder«: »Das
Alleinerziehen ist insofern ›Frauensache‹, als in neun von
zehn Fällen (90 %) der alleinerziehende Elternteil im Jahr
2009 die Mutter war. Bei nur jeder zehnten Ein-Eltern-
Familie war der allein erziehende Elternteil der Vater«.

www.destatis.de/jetspeed/portal/cms/Sites/destatis/
Internet/DE/Content/Publikationen/
Querschnittsveroeffentlichungen/Datenreport/
Downloads/Datenreport2011Kap2.psml

ww.oecd.org

Das Finanzielle
OLG Düsseldorf zum Unterhalt im Wechselmodell
(vgl. Az 6 UF 71/00, veröffentlicht im Internet).

»Die unterhaltsrechtliche Abrechnung des Wechselmodells« FamRZ, Ausgabe 2012, Heft 4, Seite 258 ff.
www.famrz.de

Das Rechtliche
§ 1687, BGB die sogenannte
»Alleinentscheidungsbefugnis«.

Fazit

Dipl.-Volkswirt Stefan P. Rübenach, Dipl.-Volkswirt (FH) Matthias Keller »Vereinbarkeit von Familie und Beruf – Ergebnisse des Mikrozensus 2009«.
http://www.destatis.de/jetspeed/portal/cms/Sites/destatis/Internet/DE/Content/Publikationen/Querschnittsveroeffentlichungen/WirtschaftStatistik/Bevoelkerung/VereinbarkeitFamilieBeruf__42011,property=file.pdf

Familienreport 2011: »Leistungen, Wirkungen, Trends«, Bundesministerium für Familien, Frauen, Senioren und Jugend, veröffentlicht Januar 2012.
www.bmfsfj.de/BMFSFJ/Service/Publikationen/publikationen,did=176198.html

Kontakt zu den Autorinnen

www.eine-woche-mama-eine-woche-papa.com
facebook/Eine-Woche-Mama-eine-Woche-Papa

Vertrauen in die eigenen Kinder

STEPHAN VALENTIN

Freie Eltern, freie Kinder

Warum wir **auf Vertrauen** setzen können

KREUZ

Alle Eltern wollen nur das Beste für ihr Kind, zudem nehmen allgemeine Leitmotive wie Beschleunigung und Leistung Kinder und Eltern immer stärker in die Pflicht. Die Frage »Tue ich genug für mein Kind?« treibt die Eltern um; daher binden viele ihre Kinder zu sehr an sich, managen sie rundum und engen sie ein, anstatt sie zu freier, selbstbewusster Entfaltung zu begleiten.

Printed in Poland
by Amazon Fulfillment
Poland Sp. z o.o., Wrocław

91927796R00110